Ensikat · Satiren

W0060089

Peter Ensikat

Wenn wir den Krieg verloren hätten

Uns gab's nur einmal

Satiren

Eulenspiegel Verlag

Dieser Band enthält Peter Ensikats Satiren aus den Jahren 1989 bis 1996, die unter dem Titel »Wenn wir den Krieg verloren hätten« (1. Auflage 1993) und »Uns gab's nur einmal« (1. Auflage 1996) im Eulenspiegel Verlag erschienen und seit einiger Zeit vergriffen sind.

ISBN 3-359-00935-5

1. Auflage dieser Ausgabe
© 1999 Eulenspiegel · Das Neue Berlin
Verlagsgesellschaft mbH & Co. KG
Rosa-Luxemburg-Str. 39, 10178 Berlin
Umschlagentwurf: Jens Prockat
Gesamtherstellung:
Offizin Andersen Nexö Leipzig

PETER ENSIKAT

Da sitzt er in Hohenschönhausen, hat die Zapfstellen der Stasi in seinem Hause noch nicht wieder verputzt, und seine Schreibmaschine hat keine Stunde vor ihm Ruhe. Soviel wie er geschrieben hat, kann keiner lesen, und schon liegt wieder ein Buch von ihm neben meinen Zetteln. Dieser Trieb-Peter, dieser japanische, der nicht schläft.

Ja nun, natürlich gefällt mir das, was da zwischen den zwei Deckeln lauert. Auch wenn es hie und da kästnert und morlockt, man kann sich auch schlechtere Vorbilder suchen. »Wenn wir den Krieg gewonnen hätten« beginnt Kästner und endet: »Zum Glück gewannen wir ihn nicht.« Ensikat variiert und meint: »Wenn wir den Krieg verloren hätten ...« Das trifft den Nagel dorthin, wo man seinen Kopf vermutet. Unsere Divisionen hatten ihn vorübergehend verloren, unsere Dividenden konnten ihn siegreich beenden. Wenn wir den Kopf verloren hätten, säßen wir heute noch auf dem Arsch. Da hat er einfach recht, der Ensikat.

»Doch daß wir diesen Krieg verloren, war Gott sei Dank nur ein Gerücht. Was wir verloren, ist das Gedächtnis. Denn mehr verlieren Deutsche nicht.« Er hat daran gearbeitet, es nicht zu verlieren. Hat es sogar zu seinem Beruf gemacht. Solche Menschen sind unangenehm, weil sie störrisch darauf beharren, daß Tatsachen unumstößlich sind, oder, um es in der Mediensprache auszudrücken, daß Leben »live« ist und keine Aufzeichnung. Einer sagt dann, was Sache ist, und die Taten haben sich danach zu richten. »Deutsche Wehrmacht in Italien« – nach Aufzeichnungen des Generalfeldmarschalls von Kesselring.

5

»Die Marktwirtschaft in der DDR« nach Aufzeichnungen von Schalck-Golodkowski.

Peter Ensikat hat viele Jahre lang daran geglaubt, daß aus dieser DDR mal so etwas wird wie ein Lösungsmodell für das Zusammenleben der Starken und der Schwachen.

Er wollte mitarbeiten nach Kräften und mit allen Talenten, die er hat.

Zunächst schrieb er für Kinder, spürte dann, daß die Erwachsenen in seinem Lande viel mehr Schwierigkeiten hatten, dieser Vorstellung näherzutreten und schloß sich dem Kabarett an. Wie viele Kabarettprogramme und -stücke er allein oder mit seinem Partner Wolfgang Schaller geschrieben hat, kann ich nur ahnen, jedenfalls war er über viele Jahre hinweg der meistaufgeführte Theaterautor der DDR. Dabei beharrte er darauf, daß dem Sozialismus die Menschlichkeit nicht abhanden kommen dürfe. Eine sozialdemokratische Idee.

Damit hatten schon unsere Kollegen von der »Leipziger Pfeffermühle« und der »Distel« ihre Schwierigkeiten.

Es wurde immer deutlicher, daß ein Mißverständnis vorlag. Nicht der Mensch sollte sich das System schaffen, in dem er leben konnte, sondern daß System wollte sich den Menschen schaffen, den es braucht.

Peter Ensikat ist nun dabei, herauszufinden, wo die Unterschiede in einem vereinten Deutschland zu finden sind.

Dieter Hildebrandt

6

VOM NIVEAU NEUER DEUTSCHER OSTPOLITIKER
(Eine nicht nur vergleichende Betrachtung}

Schon allein die Überschrift scheint polemisch – Politiker ausgerechnet an ihrem Niveau zu messen, das ist unverschämt. Und davor hatten wir, als dieses Ostdeutschland noch DDR hieß, so panische Angst – vor dem freien, also unverschämten Wort. Jetzt, da dieses Wort nun wirklich frei ist, wissen wir erst, wie wenig es bedeutet. Hätte mich zu DDR-Zeiten eine DDR-Redaktion aufgefordert, meine Meinung über das Niveau des SED-Politbüros zu sagen, ich hätte das Ansinnen als wahnsinnig zurückgewiesen. Unter anderem aus Feigheit.

Jetzt, da uns allen mit der Freiheit auch der erforderliche Mut zugewachsen ist, wage ich, über die neuen Politiker das zu schreiben, was ich über die alten zu schreiben nicht gewagt hätte – das nämlich, was ich für die Wahrheit halte.

Das Niveau unserer ostdeutschen Politiker entspricht meiner Ansicht nach in etwa dem Niveau der westdeutschen Politiker. Ich weiß allerdings noch nicht, wen ich jetzt mehr beleidigt habe. Immerhin erhielten sich die östlichen Politik-Neulinge hier und da noch etwas von ihrer ostdeutschen Hilflosigkeit. Daß manche von ihnen noch zu wissen scheinen, was sie alles nicht wissen, macht ihr Erscheinungsbild in der Öffentlichkeit so unterhaltsam. Man mag ihnen oft gar nicht widersprechen, weil sie auf Widerspruch einfach noch keine Antwort zu geben gelernt haben.

Das einfache politische Stimmenjägerlatein haben viele von unseren ostdeutschen Politbrüdern und -schwestern noch nicht so recht verinnerlicht. Auch die gängigsten Bonner Worthülsen klingen aus sächsischem Munde noch komisch und sind als das zu erkennen, was sie nun mal sind – nichtssagend. Kohl, Lambsdorff, Möllemann, ja selbst Frau

Schwaetzer muß unsereins noch ein Weilchen zuhören, um mitzubekommen, daß sie gar nichts sagen. Frau Merkel versteht man noch auf Anhieb. Diese mecklenburgische Geradlinigkeit, die gar nicht erst vorgibt, von eines eigenen Gedankens Blässe angekränkelt zu sein, ist in ihrer Ehrlichkeit einfach entwaffnend. Nein, Angela Merkel könnte mich nie belügen, auch wenn sie es einmal versuchen sollte.

Das ist bei Leuten wie Thierse schon viel komplizierter. Er verfügt über einen Wortschatz, den er nicht in Bonn gelernt haben kann. Daß er nicht so schön ist wie beispielsweise Engholm, macht ihn natürlich in den Augen des deutschen Normalwählers viel weniger glaubhaft. Aber da können wir vielleicht doch auf die Bonner Kosmetikfachleute vertrauen – wenn es der Thierse wirklich ernst meint mit seiner Politik-Karriere, dann werden sie ihn irgendwann auch einmal schön machen, ihm Bart und Zähne wegrasieren, und dann wird er ganz von selbst seine ostdeutsche Zunge zügeln lernen. Oder lernt, was der Eppelmann längst gelernt hat, der Thierse nimmermehr?

Gänzlich hoffnungslos ist der unverkennbare Ostfall Regine Hildebrandt. Ihr sollte man nun endlich das ostdeutsche Wort entziehen, mit dem sie jede gesittete Talkshow sprengt. Mit ihren einfachen Sätzen zerredet sie alles, was uns der Blüm so aufrichtig, wie nur er es kann, versprochen hatte. Nein, diese Frau Hildebrandt ist nicht das, was einen Politiker überhaupt erst ausmacht: vielversprechend. Sie gehört zu jenen wenigen Stolpesteinen, mit denen einfach kein Weststaat zu machen ist. Sollte ihr schlechtes Beispiel in der Politik Schule machen, so steht ernsthaft zu befürchten, daß das innige Vertrauensverhältnis der deutschen Bürger zu ihren deutschen Politikern ernsthaft gestört wird.

Dieser Gefahr arbeitet für uns alle der als solcher nicht mehr erkennbare Ostpolitiker Günther Krause in Bonn entgegen. Unter den von ihm geplanten Autobahnen werden

8

alle Unterschiede zwischen Ost und West im Beschleunigungsverfahren einfach, aber wirkungsvoll zubetoniert. Niveauunterschiede zwischen ihm und – sagen wir – Verteidigungsminister Rühe wären rein zufällig und ganz gewiß nicht beabsichtigt.

Krause hat längst alle östlichen Schwächen abgelegt und eine Sitzfestigkeit erworben, die ihn alle Affären überstehen ließ, die selbst einem Stoltenberg zur Ehre gereicht hätten. Kurz, der Mann hat Westniveau und beweist – nicht zuletzt mit seinem zupackenden Klavierspiel: Es ist nicht alles schlecht, was von hier kommt.

Von ähnlicher Statur scheint mir das christdemokratische Irrlicht Peter Michael Diestel. Er füllt noch jedes Bonner Sommerloch, denn er hat erkannt, es kommt nicht auf die Parteizugehörigkeit an, sondern auf die Nähe zur Kamera. Wo immer eine Kamera steht, steht er davor und tümelt sich dem Volk ins Gedächtnis. Für ihn ist es nicht wichtig, vor wem er steht oder sitzt, sondern nur, daß er vorsteht beziehungsweise vorsitzt. Diestel ist der schönste ostdeutsche Vorsitzende. Er hat wirklich vom Kanzler gelernt, denn vom Kanzler lernen, das heißt vorsitzen lernen. Das bewies Helmut Kohl nicht zuletzt im deutschen Einigungsprozeß. Es war ihm gleichgültig, wie die Vereinigung geschah. Wichtig war nur, daß sie unter seinem Vorsitz vollzogen wurde. Insgesamt kann man sagen, die Deutschen in Ost und West sind auf einem gemeinsamen Niveau gelandet, das ihnen Politiker aus allen Himmelsrichtungen geebnet haben. Das Niveau ist nicht hoch, aber es wurde frei und geheim gewählt.

WIR EHEMALIGEN

Als ehemaliger Bürger der ehemaligen DDR weiß ich endlich, was meine ehemaligen Hoffnungen heute noch wert sind – gar nichts. Meine ehemalige Zukunft gehört längst

9

der Vergangenheit an, und meine ehemalige Vergangenheit muß ich nun endlich mal ablegen, um ein vollwertiger Bundesbürger zu werden und nicht ewig als Ehemaliger einer endgültig vergangenen Zukunft nachzutrauern. Dazu muß ich zunächst natürlich mein ehemaliges Wissen um ehemalige Zusammenhänge ablegen. Grundvoraussetzung für einen vollwertigen Bundesbürger ist, daß er nicht nur heute grundsätzlich alles besser weiß, sondern schon immer gewußt hat. Besserwissen ist ein zutiefst deutsches Bildungsgut. Keiner weiß besser als wir, daß wir Deutschen schon immer alles besser wußten. Als Gorbatschow – Reagan hab ihn selig – seinerzeit das neue Denken aufbrachte, setzten wir ihm entschlossen unser altes deutsches Besserwissen entgegen. Und dieses Besserwissen hat ja nun endgültig über jede Art von neuem Denken gesiegt. Ein Deutscher denkt nicht, er weiß ja am besten, wie schädlich das ist. Auch Gorbatschow reicht inzwischen seinem ehemaligen Amtsbruder in Los Angeles die Wange zum Bruderkuß. Und es ist gewiß nicht mehr das neue Denken, das ihn so weit gebracht hat. Was Gorbatschow und Reagan heute miteinander verbindet, ist wohl eher die Erkenntnis, daß das neue Denken längst den alten Erinnerungen zu weichen hat. Das Neue am neuen Denken Gorbatschows war ja auch nur die Tatsache, daß ein amtierender Präsident überhaupt gedacht hat, bevor er handelte. Um in der Politik aber erfolgreich zu sein, muß man – das bewies nicht nur unser deutscher Kohl – erst einmal handeln. So kam es zur erfolgreichen Wiedervereinigung Deutschlands, über deren Folgenreichtum unser aller Kanzler wohl frühestens nach seiner Pensionierung nachdenken wird. Bis dahin bleibt er standhaft beim Handeln, ohne von des Gedankens Blässe angekränkelt zu werden. Ein Volk kann so lange nicht warten, da es gar keine Aussicht hat, jemals in Pension geschickt zu werden. Wann aber kommt ein Volk dann zum Nachdenken? Immer dann, wenn seine Politiker gehandelt

10

haben. Und seit uns die Politiker nun eingehandelt haben, wonach das unbedenkliche Volk auf der Straße gerufen hatte, die schnelle Einheit nämlich, sind viele von uns sehr nachdenklich geworden.

Aber in einem Punkte sind wir eben alle nicht dümmer als unser Kohl. Auch wir erinnern uns nicht gern an das, was wir selbst einmal öffentlich riefen oder geheim wählten. Als ich neulich in Dresden war, begegnete ich vielen enttäuschten Neubundesbürgern, aber keinem CDU-Wähler. Alle redeten vom blöden Volk, und keiner schien dazuzugehören. Das scheint das deutsche Volk mit jeder deutschen Regierung zu verbinden: die Gnade des schwachen Gedächtnisses und die Last des späten Besserwissens zu den vielen ehemaligen DDR-Bürgern, die allesamt zur ehemaligen Opposition dieses ehemaligen Terrorregimes gehört haben, kommen nun schon wieder unzählige ehemaliger CDU-Wähler einer ehemaligen CDU, die sie nie gewählt haben. Nichts Menschliches ist uns so fremd wie unsere eigene Vergangenheit. Lieber machen wir zehn neue Fehler, als daß wir einen alten zugeben, um ihn künftig vielleicht zu unterlassen. Wer seine Vergangenheit bewältigen will, hat sich gewiß übernommen, weil er sie gar nicht ändern kann. Wer sich aber zu erinnern vermag an das, was er falsch gemacht hat und das auch noch öffentlich zugibt, der muß nicht Stolpe heißen, um von der versammelten Selbstgerechtigkeit, die von ganz links bis ganz rechts reicht, eines Besseren belehrt zu werden. Der bessere Deutsche hat eine reine Vergangenheit oder keine Vergangenheit. Irren jedenfalls mag vielleicht menschlich sein, aber bestimmt nicht deutsch.

MEINE LIEBEN POLNISCHEN GÄSTE

Sie haben sich also entschlossen, einen visafreien Abenteuerurlaub in Deutschland zu verbringen. Namens meiner Reisegesellschaft kann ich Sie nur zu Ihrem Mut beglückwünschen, diese Reise ins gewissermaßen Ungewisse ausgerechnet hier im nachholbedürftigen Osten zu beginnen. Die Freiheit, die uns selbst so überraschend ereilte, geben wir nun nur allzu gern in Form von Vogelfreiheit an unsere ausländischen Gäste weiter. Eigens hierzu gebildete Organisationen haben bereits Vorkehrungen getroffen, Ihnen Ihren Besuch zu einem unvergeßlichen, also möglichst einmaligen Erlebnis werden zu lassen. Sollten Sie, meine lieben polnischen Gäste, nur mit deutscher Mark, nicht aber mit polnischem Leben bezahlen wollen, so können wir Ihnen nur raten: Machen Sie es uns Deutschen nach. Bleiben Sie immer in der sicheren Gruppe und meiden Sie jede Form von Dunkelheit. Denn die deutsche Gruppenstärke zeichnet sich besonders im Kampf gegen schwächere einzelne und in der Dunkelheit aus. Natürlich, als an sich ja weißhäutiger Pole haben Sie dem richtigen Neger voraus, daß nicht jeder vaterlandsliebende Geselle in Ihnen sofort den feindlichen Ausländer erkennt. Aber spätestens wenn Sie um Hilfe rufen, wird Sie Ihr polnischer Akzent verraten. Und dann bricht eben die deutsche Gastfreundschaft voll aus. Diese Gastfreundschaft erlebt ja gerade im Augenblick bei uns ihren Aufschwung Ost.

Was der ehemalige Ostberliner früher allein seinen Sachsen zukommen lassen durfte, das kann er nun endlich an richtigen Ausländern ... ja, notfalls exekutieren. Denn wir Ostdeutschen fürchten den Westdeutschen und sonst gar nichts. Die Gefahr aus dem Osten begrüßen wir, und zwar gleich nach der Grenze. Nein, an der Grenze selbst gibt es kaum noch Schikanen. Das muß jetzt alles im Land selbst erledigt werden. Und von Freiwilligen. Nein, auch zum Ausländerhaß wird jetzt keiner mehr gezwungen. Was immer wir Ihnen antun, wir tun's aus ehrlichem Herzen. Daß trotzdem so viele von Ihnen bis nach Berlin gelangt sind, verdanken Sie vermutlich Ihrer polnischen Eigenart, uns Deut-

12

sche zu unterschätzen. Nein, wir sind keine Maulhelden. Wir lassen endlich auch Taten folgen. Und da Sie nun einmal hier sind, werden Sie ja auch Gelegenheit bekommen, uns endlich kennenzulernen. In diesem Punkt geht es Ihnen, meine tapferen polnischen Gäste, wie uns mutigen Ostdeutschen. Auch wir lernen uns gerade erst so richtig kennen. Und das tut eben hin und wieder ein bißchen weh.

PRAKTIZIERTE SATIRE

Was bleibt dem Kabarett noch zu tun in dieser realsatirischen Welt? Wer heute schwarzsieht, muß morgen einsehen, daß er gestern noch alles zu rosig gesehen hat. Indem man seine schlimmsten Befürchtungen aufschreibt, hofft man ja doch immer, es würde alles nur halb so schlimm werden. Diese Hoffnungen werden inzwischen immer aussichtsloser. Wer den Abgrund nicht sehen will, vor dem diese Welt steht, der muß die Augen sehr fest verschließen. Und darüber sollen wir Witze machen?

Früher, vor ewigen Zeiten, als vieles schon mal halb so schlimm war wie heute, nannte man Satiriker gern beleidigte Idealisten. Aber schon damals reichte es ja, Realist zu sein, um beleidigend zu wirken auf alle, die ihre schönere Welt hinter geschlossenen Augen sahen. Es war und ist für einen Satiriker durchaus keine Genugtuung, wenn er erfahren muß, daß er mit seinen Übertreibungen hinter der Wirklichkeit zurückgeblieben ist.

Unter den real-unsozialistischen Verhältnissen der vor sich selbst geflohenen DDR gab uns die Zensur hin und wieder das Gefühl, doch etwas ernster genommen zu werden. Das war selbstverständlich ein Irrtum. Das, was wir sagten, war damals genauso folgenlos, wie es das heute ist.

Kritik hatte damals höchstens Folgen für den, der sie übte. Alles andere war Einbildung.

Wen die nun ausgebrochene DDR-Nostalgie dazu verführt,

auch der Zensur nachzutrauern, der begebe sich einfach in eine öffentlich-rechtliche Sendeanstalt, und er wird sich wundern, wie vertraut ihm das alles ist, was er früher Zensur nannte. Selbstverständlich kann man auch dort alles sagen, was man will, bevor die Kameras laufen. Und nie wird einem gesagt, daß ein satirischer Beitrag aus politischen Gründen nicht sendefähig sei. Politisch waren die Gründe, die zu allen Zeiten gegen jede aktuelle Satire sprechen, auch früher nicht. Zensur verkleidet sich immer wieder neu und bleibt sich vielleicht gerade deshalb ewig so erschreckend ähnlich. Sie ist bereit, fast alles zu verzeihen, nur eins duldet sie auch unter demokratischen Umständen nicht – daß man sie bei ihrem häßlichen Namen nennt. Das nimmt sie nun mal übel.

Im Kabarett selbst, also in Anstalten, die weniger öffentlich-rechtlich verfaßt sind, begegnet man einer Zensur gar nicht mehr. Was man nicht im Kopf hat, gibt es nicht. Man kann sagen, was man glaubt verantworten zu können. Und das ist inzwischen sehr viel. Aber etwas gelingt immer weniger – das, was ich am Anfang Übertreibung nannte. Erstaunlich ist nur, daß vom Publikum nach wie vor über Dinge gelacht wird, über die es außerhalb des Kabaretts nie lachen würde, über Politiker zum Beispiel. Kohl ist doch nun wirklich alles andere als eine Witzfigur. Im Kabarett spielt er heute etwa die gleiche Rolle, die in der früheren DDR die Banane spielte – die Erwähnung bringt die Leute schon zum Lachen. Da kann die Kritik noch so verächtlich vom abgestandenen Kohlwitz sprechen, das Publikum kann gar nicht genug Kohl bekommen.

Und das meine ich – im Kabarett lacht man sich schön oder wenigstens komisch, was draußen weder schön ist noch komisch. Satire als Schönfärberanstalt. Wenn die Regierungen wüßten, wie staatserhaltend Satire sein kann, sie würden sie nicht nur nicht verbieten, sie würden sie mit Subventionen zuschaufeln. Jedes Land schmückt sich gern mit seinen toten Satirikern. Wenn die lebenden Politiker nur ahnten, was sie ihren lebenden Kritikern verdanken, sie würden uns alle zu unkündbaren Reklamebeamten machen. Negativwerbung hat neben vielen anderen einen entscheidenden Vorteil – sie bleibt länger im Gedächtnis. Ich schlage mich hiermit zum Pressesprecher jedes beliebigen Bundespolitikers vor.

VOM TEILEN UND VOM OPFERBRINGEN

Geben ist seliger denn Nehmen, aber beim Geld hört die Freundschaft in der deutschen Spruchweisheit auf. Auch die Gemütlichkeit der deutschen Vereinigung hört jäh auf, wenn es nun ans Teilen gehen soll. Eine Festrede ist kein Kontoauszug. Ein Blick auf den Kontoauszug eines Festredners, der da so feierlich vom Teilen gesprochen hatte, wäre allerdings oft aufschlußreicher als seine ganze schöne Rede gewesen.

Daß Einer heilig gesprochen wurde, nur weil er seiner Menschenpflicht nachgekommen war und geteilt hatte, spricht Bände, ja es spricht uns in gewisser Hinsicht sogar frei. Schließlich sind wir alle keine Heiligen – wieso also sollten wir teilen? Nein, der deutsche Steuerzahler geht vielleicht sonntags in die Kirche, um sich erbauen zu lassen von den guten Beispielen der Heiligen der Vergangenheit. Im Alltag der Gegenwart würde er über so einen allenfalls den Kopf schütteln. Das ist wohl das Los der Besten aller Zeiten – zu Lebzeiten ernten sie meist nur Kopfschütteln.

Auch den deutschen Einigungsvertrag haben keine Heiligen ausgearbeitet, sondern Juristen, Wirtschafts- und Finanzfachleute. Ich weiß auch gar nicht mal, ob es die besten waren. Während die Festredner noch von der Liebesheirat sprachen, war der Ehekontrakt bereits in Paragraphen und Durchführungsbestimmungen ausgeführt. Ja, noch bevor wir alle endlich Freud und Leid teilen sollten, wurden zunächst einmal im östlichen Teil die Konten geteilt, und zwar durch zwei. Was danach vom Westen nach dem Osten floß und fließt, sieht eher nach Zuteilung aus. Und selbstverständlich soll das Geld so verteilt werden, daß es einmal Gewinn bringt. Kapital rechnet nun einmal nicht mit Heiligsprechung, sondern mit sehr irdischen Zinsen.

Wo man früher von der Notwendigkeit des Teilens gesprochen hat, um die Einigung zu bekommen, da spricht man heute allenfalls noch von der Notwendigkeit, Opfer zu bringen. Alle müßten eben Opfer bringen, sagt man, um noch ein bißchen Feierlichkeit am Altar der deutschen Einheit zu wahren. Wer sein Opfer gebracht hat, muß nicht mehr teilen. Die Höhe des Opfers bestimmt man ja gewöhnlich selbst, und man hat danach auch noch das schöne Gefühl, etwas Außergewöhnliches getan zu haben. Teilen klingt viel gewöhnlicher, viel profaner als opfern. Wer also würde nicht lieber opfern als teilen?

Sprache, hat mein Deutschlehrer einmal gesagt, diene oft weniger der *Mitteilung* als der Verschleierung von Tatbeständen. So opfert sich eben auch in diesem Falle die Sprache, nur um nicht Mitteiler sein zu müssen.

KÖNNEN SIE SICH NOCH ERINNERN?

Es ist schon eine Ewigkeit her, also mehr als ein Jahr – am Tag, als die D-Mark kam, fühlten wir uns alle wie neugeboren. Im Osten waren wir noch eingeschlafen und wachten plötzlich im Westen auf. Diese Nacht zum ersten Juli 1990 wird mir ewig unvergeßlich bleiben – es war das eigentliche deutsche Silvester. Immer hatte ich nur einen Westonkel. Plötzlich war ich selber einer, frisch aus der D-Mark geschlüpft. Mit mir erblickten sechzehn Millionen neugeborener Westler das Licht der freien Welt und hatten plötzlich die D-Mark als einziges Zahlungsmittel in der Hand.

16

Damals ahnten wir ja noch nicht, daß man diese D-Mark nur einmal geschenkt bekommt, aber immer wieder mit ihr bezahlen muß. Und zwar alles. Nicht nur den preiswerten Video-Recorder oder die vierzig Jahre lang entbehrte Mikrowelle. Warum hatte uns nur niemand vorher gesagt, daß man diese harte D-Mark auch für so wertlose Alltäglichkeiten wie Brot, Milch und Kartoffeln hergeben muß. Wer von uns wäre denn früher auf den Gedanken gekommen, seine Briketts im Intershop zu bestellen? Für ein richtiges Auto gaben wir natürlich gern mehr her, als wir hatten, denn ein richtiges Auto hatten wir ja vorher nicht. Aber unsere billigen Ostwohnungen hatten wir doch. Also dafür brauchten wir doch das Westgeld beileibe nicht. Nein, man hätte uns ruhig diese alte wertlose Ostmark für alles das lassen können, was bei uns nichts wert war – das tägliche Brot, den nächtlichen Strom und die alltägliche Straßenbahnfahrt. Es war doch früher so gut gegangen mit den zwei Währungen. Wieso sollen wir nun plötzlich nur noch eine haben?

Nein, diese ganze Währungsunion hatte einen entscheidenden Haken. Zwar hat man uns die D-Mark geschenkt. Aber die Ost-Mark hat man uns genommen. Diese wunderbare Mark, die zwar nichts wert war, mit der man aber alles bezahlen konnte, was man unbedingt brauchte. Auch die Westmark war doch nur so lange wirklich wertvoll, wie es die Ostmark gab. Wer gibt einem denn jetzt noch fünf oder gar zwanzig Mark für eine Westmark? Nein, seit es die Ostmark nicht mehr gibt, ist auch die Westmark nur noch eine Mark wert. Ihr ganzer ehemaliger Zauber ist dahin. Man kann sie noch so oft umdrehen, mehr als fünf Brötchen kriegt man nicht dafür.

Mit der Westmark ist es wie mit der Westverwandtschaft. Seit man sie ständig bei sich hat, ist der Glanz ab. Wie haben wir uns einst über fast jeden Westbesuch gefreut, wußten wir doch, er war etwas Vorübergehendes. Wie fürchten wir jetzt den Besuch von drüben, wissen wir doch nie, ob er mal wieder geht. Und mit welcher Herzlichkeit haben uns unsere Verwandten einst zu sich eingeladen. Und wie betreten gucken sie jetzt, wenn wir kommen. Wie gern würden sie uns wieder Pakete schicken, statt uns selbst empfangen zu müssen.

Wie unkompliziert war es doch früher, wenn die westliche Seite der östlichen Seite zum Abschied fünfzig Mark in die Tasche steckte und die ganze Familie aufatmete, weil das Familientreffen mal wieder überstanden war. Mit dem Ostgeld aber sind auch die Westverwandten dahingegangen. Die ganze deutsche Familie verkehrt wieder von gleich zu gleich. Daß das nicht gutgehen kann, hätte man vorher wissen müssen – denn gerade das haben wir alle nicht gelernt.

VON DEN INTERESSEN DES REINEN GEWISSENS

Politiker haben es immer dann besonders schwer, wenn sie ihre ganz persönlichen Interessen zum Wohle des Volkes erklären müssen. Staatsmännische Vernunft verbietet es geradezu, die eigenen Interessen überhaupt zu erwähnen. Mit den Interessen ist es wie mit dem Geld – je mehr man davon hat, um so weniger spricht man davon. Das Gewissen ist weniger sensibel – darüber redet man, ganz egal, ob man's hat oder nicht. Je weniger man es benutzt, desto reiner bleibt es. So kommt es, daß besonders unter Realpolitikern das reine Gewissen so verbreitet ist.

Das erklärt auch, wieso man ausgerechnet die Hauptstadtfrage im Bundestag zu einer Gewissenssache machte, also von den Bundestagsabgeordneten verlangte, frei vom Fraktionszwang nur nach ihrem Gewissen zu entscheiden. Weder der Koffer in Berlin noch das Grundstück in Bonn sollten bestimmen, was der einzelne Abgeordnete mit seinem Gewissen vereinbaren konnte.

Nun ist aber die Gewissensentscheidung gefallen und damit bei den unterlegenen Bonn-Befürwortern auch alle Hemmung, von ihren Interessen zu reden. Da die Berliner Interessen offensichtlich gewahrt blieben, kann man sich hier mit der Gewissensentscheidung abfinden. In Bonn hingegen hat man endlich entdeckt, wo das Volk wohnt, und was die Interessen dieses Bonner Völkchens sind. Bei der Entscheidung für Berlin standen nur Föderalismus und demokratische Entwicklung auf dem Spiel. Da die Bonner mit ihren Gewissensgründen nicht durchkamen, legen sie nun ihre Interessen auf den Tisch. Und das heißt, den Steuerzahler wird nicht nur wie angekündigt die Hauptstadt Berlin teuer zu stehen kommen, auch die Nichthauptstadt Bonn wird teuer. Denn jetzt stehen von allen hehren Grundsätzen nur noch die Grundstückspreise und was so damit zusammenhängt auf dem Spiel. Die Berliner Grundstückspreise sind ja schon in der Nacht nach der Entscheidung für Berlin aus rein ideellen Gründen in die Höhe geschnellt. Das kommt eben dabei heraus, wenn unschuldige Politiker nach ihrem ungeübten Gewissen entscheiden müssen. Sofort nutzen böse Geschäftemacher das gute Gewissen der Politiker für ihre bösen Interessen. Ist es ein Wunder, wenn jetzt auch die von sich selbst getäuschten Politiker zeigen, wo ihre Interessen begraben sind?

Ihr wichtigstes Interesse ist natürlich, die nächste Wahl zu gewinnen, um dann guten Gewissens weiterzuregieren. Helmut Kohl, der ja nur als Abgeordneter für Berlin stimmte, weil er als Kanzler ohnehin in Bonn bleiben würde – denn trotz der Gnade der späten Geburt hat er ja nicht das ewige Leben –, versucht seine Gewissensentscheidung wiedergutzumachen. Seine Stimme hat er Berlin gegeben, wenigstens das Geld der Steuerzahler soll nun Bonn bekommen, damit die enttäuschten Wähler vom Rhein ihm bei der nächsten Wahl wieder ihre unbezahlbare Stimme geben. So treffen sich eben Gewissen und Interessen von Politikern nicht wie die unpolitischen Parallelen erst in der Unendlichkeit, sondern spätestens vor der nächsten Wahl. Seinerzeit hatte dieser Kanzler den deutschen Steuerzahlern die kostenlose Einheit Deutschlands versprochen, damit sie ihm als Wähler ihre kostbare Stimme gäben. Was wird er ihnen morgen sagen, damit sie ihm nach den unvorhergesehenen Steuern auch noch die vorgesehenen Stimmen geben? Er wird ihnen, ähnlich wie den Bundestagsabgeordneten bei der Hauptstadtentscheidung, raten, alle ihre Interessen außer acht zu lassen und nur ihrem Gewissen zu folgen. Schließlich wären das nicht die ersten Wahlen, bei denen die Wähler ganz und gar gegen ihre eigenen Interessen entschieden haben. Wenn die Wähler plötzlich so gewissenlos wären, in Zukunft nur noch ihre reinen Interessenvertreter zu wählen, könnte das furchtbare Folgen haben. Denn welche der großen Parteien käme dann noch über die Fünf-Prozent-Klausel?

BILDERSTÜRMER

Viele von denen, die seinerzeit selbstverständlich ihr Honecker-Bild überm Arbeitsplatz hängen hatten, verlangen heute die Beseitigung aller Götzenbilder, die in den vierzig Jahren DDR bei uns aufgehängt oder aufgestellt wurden. Das steht in Leserbriefen und wird auf den Kulturseiten unserer Zeitungen diskutiert. Gestern angebetet, heute verflucht – das geht den Göttern wie den Menschen. Am lautesten flucht wohl heute, wer gestern am innigsten anbetete. Renegaten sind eben immer und überall die Schlimmsten. Ob sie anbeten oder verfluchen, sie verstehen keinen Spaß.

Ich habe mich seinerzeit oft lustig gemacht, noch öfter geärgert über das, was da an Monumentalkunst in unseren ansonsten recht schmucklosen Alltag gestellt wurde. Vieles davon empfand ich nur durch Wegsehen erträglich. Wenn

20

mich ausländische Freunde auf die häßliche Lächerlichkeit mancher dieser Monstrositäten hinwiesen, pflichtete ich ihnen lachend bei, sagte aber nicht, daß ich mich dafür schämte. Manche von denen, die da durch so ein Denkmal geschändet wurden, verehrte ich ja eigentlich. In Kabarettexten hatte ich öfter mal versucht, zum Beispiel Marx vor seinen Standbildern in Schutz zu nehmen. Von einem der größten sagte ich, es sei vermutlich der Versuch des Bildhauers, sich an Marx zu rächen, weil er das Kapital nicht verstanden hatte. Darüber wurde seinerzeit gelacht. Es tröstet ja immerhin, wenn man wenigstens verlachen kann, was man schon nicht ändern kann.

Seit sich die nun zurecht verblichene Volkskammer im Frühjahr, als es – wie jetzt ja auch – um Überlebensfragen ging, immer wieder ausführlich mit der Beseitigung von Symbolen beschäftigte, statt ihre politische Arbeit zu tun, als dann Kunstwerke ins Gerede kamen, nur weil sie etwas darstellten, wovon sich manche von uns nicht schnell genug verabschieden können, unsere gemeinsame Vergangenheit nämlich, da wurde ich hellhörig. Daß ich nie eine Fahne aus meinem Fenster gehängt habe, das hat zum einen mit Geschmacksgründen zu tun, zum andern damit, daß ich mich weder mit einer Partei noch mit einem Staat identifizieren konnte und kann. Ich gestehe, mir ist die bundesdeutsche Fahne genauso zuwider, wie es die mit dem DDR-Emblem war. Ich fühle mich weder als Enkel Adenauers noch als Stalins Ziehkind. Fahnen gehen mich nichts an, und Denkmäler brauche ich nicht.

Völker oder Staaten aber können offensichtlich nicht darauf verzichten. Und besonders wenn unter den lebenden Staatsangehörigen Mut nicht eben verbreitet ist, haut man sich tote Helden in Stein oder gießt sie in Bronze. Ob sie die feige Nachwelt noch mehr einschüchtern oder ihr etwas Mut machen sollen, vermag ich nicht zu unterscheiden. Was jedenfalls in Deutschland schon alles als Denkmal auf die jeweilige Nachwelt herabgesehen hat, war selten von guten Eltern. Wohl deshalb hat man mit jedem erzwungenen oder freiwilligen Neubeginn auch die für Ewigkeiten (es muß in Deutschland mehrere davon geben) gedachten steinernen Vorbilder wieder abgeräumt. Ich weiß nicht, ob die deutsche Geschichte anders verlaufen wäre, wenn man die oft peinlichen Erinnerungen daran hätte stehenlassen, wenigstens ein Weilchen, so lange nämlich, bis man die Erinnerung nicht verdrängt, sondern verarbeitet hatte.

Ich habe aber den Verdacht, daß diejenigen, die jetzt am lautesten nach der schnellen Beseitigung der zu Schandmälern umbenannten Denkmäler rufen, vor allem ihre eigene Schande beseitigt sehen möchten.

DAS ALTE KINDERLIED
(Immer wieder zu singen)

Wohin ich auch gucke, da seh ich,
wir Menschen sind anpassungsfähig.
Wir passen uns überall an.
Man muß uns nur sagen, woran.
Wie rot war noch gestern mein Pappi.
Heut schwört er auf Waigel und Schappi.
Und mich hat einst Margot erzogen –
ich habe schon immer gelogen.

Wer hochkommen will, der muß kriechen.
Wo's langgeht, das kann man erriechen.
Die Arschlöcher sind alle rund.
Wer reinfindet, stößt sich gesund.
Kaum hab ich die Freiheit bekommen,
da hab ich mich schon freigeschwommen.
Mich hat man ums Leben betrogen –
ich habe schon immer gelogen.

22

Mit mir kann man jeden Staat machen.
Mit mir kann Großdeutschland erwachen.
Ich finde auch da meinen Platz.
Gesinnung war immer Ersatz
für Leute, die's nie zu was bringen.
Mich muß man zu gar nichts erst zwingen.
Ich kriege allein jeden Bogen –
ich habe schon immer gelogen!

Wie sagt das Sprichwort?
Lügen habe kurze Beine,
doch sie tragen die fettesten Schweine

DER WITZ IST RAUS, DOCH DIE SATIRE BLIEB

Wer heute im Osten darauf wartet, daß ihm einer einen politischen Witz erzählt, der kann lange warten. Früher war
die Erfolgsmeldung in der Presse noch druckfrisch, da war
der Witz darüber schon in aller Munde. Seit bei uns kein
Witz mehr verboten ist, sind die politischen Witze ganz und
gar verschwunden. Was nicht verboten ist, das macht uns
keinen Spaß.
Daß das daran läge, daß nun eben alles gut wäre – nein,
daran kann's nicht liegen. Was da heute so an Politik gemacht wird, ist ja auch nicht von schlechten Witzeltern.
Früher war man verzweifelt, weil einem keiner die Wahrheit sagte. Heute verzweifelt man, weil einem jeder jeden
Tag eine neue Wahrheit sagt. Daß uns dazu die Witze nicht
recht von der Zunge wollen, liegt wohl daran, daß wir uns
einfach noch nicht zurechtfinden. Früher wußten wir, daß
wir doch nichts ändern könnten. Heute muß uns das erst
langsam beigebracht werden.
Und dann ist da noch was – Fremdsprachen, sagt man, be-
herrsche man erst richtig, wenn man in ihnen auch Witze
erzählen kann. Und westdeutsch ist für uns Ostdeutsche

nun mal eine Fremdsprache. Die will genauso erlernt sein wie einst das Parteichinesisch, das uns Stoff für unzählige Witze bot. Nach meinen bescheidenen Erfahrungen mit der Altbundessprache ist diese kaum weniger komisch als es die DDR-Sprache war. Daß zum Beispiel, wer kontraproduktiv sagt, nicht besonders gebildet, sondern besonders beknackt ist, das will erstmal erkannt sein. Aber wenn wir die neuen Formeln erst gelernt haben, werden wir staunen, wie viele von ihnen hohl sind.

Im Kabarett mußten wir uns zunächst einmal von einem negativen Zensurschock erholen. Plötzlich gar nicht mehr zensiert zu werden, ist auch für schlechte Schüler nicht sofort das reine Vergnügen. Den Lehrer betrügen – das macht ja auch Spaß. Ich sag's ehrlich, ich hab viel Spaß daran gehabt, an den Zensoren vorbei so zu schreiben, daß mich das Publikum aufs unausgesprochene Wort verstand. Und so viel politischer als der Witz über die fehlende Banane ist der Witz über den anwesenden Kanzler ja auch nicht.

Die harte Zuchtschule der Zensur, die uns jahrelang zu entmündigen suchte, hat uns durchaus nicht mundtot gemacht. Und mag man's auch Sklavensprache nennen, was wir da sprachen, ein wenig geschliffener als die neue Herrensprache war sie schon. Und daß wir nun alles vergessen müßten, was wir mal gelernt haben, nur weil wir's unter Zwang lernen mußten, nein, das will ich nicht einsehen. Zugegeben, als ich zu Beginn des Jahres ausgerechnet in Stuttgart ein von Wolfgang Schaller aus Dresden und mir geschriebenes reines Ost-Kabarettstück inszenierte, hatte ich schon meine Zweifel. Würden diese glücklichen Schwaben überhaupt verstehen, wovon wir Unglücklichen da sprachen? Aber siehe, sie verstanden. Der Kritik behauptete sogar, wir könnten noch etwas, was im Westen kaum noch beherrscht würde – eben diese geschliffenen Zwischentöne, die vom Zuhörer nicht nur Zuhören, sondern auch Mitdenken verlangen. Wenn die Schwaben das nicht verlernt haben, warum sollten wir's dann verlernen? Daß die Politikersprache so plump geworden ist, muß uns doch nicht zur Nachahmung verführen. Uns kann's nur recht sein, wenn ein Original-Kanzler-Zitat im Kabarett leicht für eine grobe Übertreibung gehalten wird.

Natürlich stimmt es, daß in der Realität so viel Satire stattfindet, daß man sich fragt, wie man das noch übertreiben könnte. Manchmal reicht es wirklich, nur das zu sagen, was passiert. Dann allerdings passiert oft etwas Merkwürdiges. Die Leute lachen im Kabarett über dieselben Dinge, über die sie draußen gar nicht lachen können. Das habe ich früher immer für eine Besonderheit des DDR-Kabaretts gehalten. Daß es dem doch an sich ganz und gar sorglosen Altbundesbürger ganz ähnlich gehen könnte wie uns Ewig-Unglücklichen, uns das vorzustellen, fällt offensichtlich immer noch schwer. Wir haben eben viele gegenseitige Vorurteile, aber fast gar keine Phantasie füreinander entwickelt. Wir lachen über die Vorurteile und könnten doch mit etwas mehr Vorstellungskraft ganz schnell auch darüber lachen, wie ähnlich wir sind.

In unser Ostberliner Kabarett »Distel« kommen inzwischen sehr viele Wessis, um etwas über uns seltsame Ossis zu erfahren. Und wie erstaunt sind sie dann, daß sie so viel über sich erfahren, gerade weil wir da auf der Bühne von uns sprechen, von uns komischen Menschen.

DER VERDUTZTE LESER

Wenn heute eine Zeitung oder eine Zeitschrift auf ihrer Titelseite die gnadenlose Enthüllung eines Skandals ankündigt – und welches Blatt täte das jetzt nicht jeden Tag? –, dann schmückt sie ihre Ankündigung fast immer mit einem hüllenlosen Mädchen. Je magerer die auf den Innenseiten folgenden Enthüllungen, desto fetter das Mädchenfoto.

Noch vor zwei Jahren war bei uns das veröffentlichte Bild der Frau vom Arbeitsanzug geprägt. Heute hat sie mit diesem Anzug sehr oft auch die Arbeit abgelegt. Was bleibt, ist die reine Frau, als nackte Tatsache, als Appetitmacher für eingeschlafene Männergefühle, als Fleischpraline sozusagen, die man an jedem Kiosk kaufen kann. Früher, als wir noch mit dem besitzanzeigenden Fürwort von unseren Frauen und Mädchen sprachen, meinten wir ihre unersetzliche Arbeitskraft. Jetzt, da diese Arbeitskraft durchaus entbehrlich geworden ist – schließlich sind sogar schon richtige Männer arbeitslos –, bleibt von der Frau nur das, was natürlich an ihr ist, der ausgeruhte, schöne, faltenlose Körper. Wer den nicht mehr hat, von dem bleibt nichts. Jedenfalls kein Platz im überall veröffentlichten neuen Frauenbild. Dieses Bild der Frau als Fleischware ist selbstverständlich von Männern für Männer gemacht. Der Mann macht sich ein Bild von der Frau, wie er es gern möchte – früher brauchte er sie als Nutztierchen, heute hätte er gern das Kuscheltier. Je härter die Männergesellschaft, desto weicher ihr Frauenbild.
Ich erinnere mich, als Kind eine Karikatur aus frühkapitalistischer Zeit gesehen zu haben. Da fragte ein häßlicher, dicker Kapitalist eine junge hübsche Frau: »Was brauchst du Arbeit, du trägst doch dein Kapital zwischen den Beinen?« Damals war ich noch nicht so recht aufgeklärt und fand die Sache sehr abstoßend. Heute weiß ich, daß kein moderner Arbeitgeber sowas ungestraft zu seiner Arbeitnehmerin sagen dürfte. Aus dem harten Frühkapitalismus von damals ist längst eine überaus sanfte soziale Marktwirtschaft geworden, in der die Umgangsformen so verfeinert wurden, daß man sowas Frauenfeindliches bestimmt nicht mehr ausspricht. Und der aufgeklärten Frau von heute braucht man auch gar nichts mehr zu sagen. Die möglichst unverstellte Sicht auf das, was dem Manne an ihr wertvoll ist, kann sie ja alltäglich der Presse entnehmen.

Nun will ich nicht etwa behaupten, daß sich der Redakteur, der so ein Bildchen auf die Titelseite rückt, etwas Böses, Frauenfeindliches dabei denkt. Er denkt, wenn er bei diesem Job überhaupt noch denkt, an den Umsatz seines Blattes, an den Verkauf. Und daran müssen wir jetzt schließlich alle denken. Wer nichts anderes zu verkaufen hat als seinen Körper, muß den eben auf den Markt tragen. So lange es nicht die Seele ist, das Gewissen, kann ich beim Verkäufer kaum etwas Unmoralisches entdecken. Und auch der Redakteur ist ja nur so eine Art Zwischenhändler. Am menschlichen Körper – und sei er noch so nackt – kann ich weder Moral noch Unmoral erkennen. Die findet man allenfalls im Blick des meist männlichen Betrachters. Und man findet sie besonders da in unserer Gesellschaft, wo sie sich gar nicht nackt, sondern sehr fein angezogen bewegt. Da, wo über die höheren Werte des Marktes entschieden wird, wo man nicht vom Fleisch, sondern höchstens von Fleischpreisen spricht. Im übrigen ist die Sache so alt wie unsere Männergesellschaft, die uns Männer zwar auch nicht glücklich macht, aber doch nicht ganz so nackt dastehen läßt wie die immer noch unter uns stehende Frau.

HABEN SIE HEUTE SCHON ZUR HAUPTSTADT GEBETET?

Die Hauptstadtfrage habe ich schon immer für eine heilige Sache gehalten, die mich Ungläubigen nichts angeht. Spätestens wenn Politiker öffentlich beten, verliere ich auch das letzte bißchen Glauben. Daß sich so plötzlich aber manche Gebete auch erfüllen, das muß wohl die Politiker mindestens so verblüfft haben wie mich. Da betet man nun jahrelang für Deutschland einig Vaterland, ohne auch nur im entferntesten daran zu glauben, und plötzlich steht's vor einem. Man sollte wohl in Zukunft auch seine Gebete sorgfältiger wählen. Es geschehen noch Zeichen und Wunder.

Damit müssen nicht nur wir Atheisten erst mal fertig werden.

Eingeschlossen in die Deutschland-einig-Vaterland betreffenden Gebete war immer auch Deutschland-heilig-Hauptstadt, Sankt Berlin also. Selbst Bonns Bürgermeister hat noch vor zwei Jahren dem Atheisten Gorbatschow mutig Berlin ins Gesicht gebetet. Nun hat ihn also Gorbatschow, der Gottlose, erhört. Für einen Christen muß das ein schlimmer Schock sein, von einem Atheisten erhört zu werden, wo Gott selbst sich immer taub stellt.

Wieso eigentlich ist noch keiner darauf gekommen, daß diese ganze Hauptstadtfrage kommunistisches Teufelswerk ist? Gott kann doch nicht wollen, was die Russen uns schenken. War Berlin nicht schon immer kommunistisch unterwandert? Wo sind jetzt die vielen Kommunisten, wenn nicht in Berlins Untergrund? Daß die Russen sich so feige zurückgezogen haben und nun die Deutschen alles allein ausfechten müssen, zeigt doch nur noch einmal die ganze Tücke des dahingegangenen Feindes. Er hat uns nur deshalb einfach zusammenkommen lassen, weil er wußte, wir würden uns ganz allein zerfleischen. Während die Deutschen nichtsahnend beteten, hatte der KGB die Hauptstadtfrage schon unterminiert.

Zugegeben, als Materialist sehe ich das Ganze nüchterner. Im Gegensatz zu allen Politikern dieser grundanständigen Welt denke ich nur an meine ganz persönlichen Interessen. Das Vaterland ist für mich nur eine einzige Immobilie. Die Liebe zu ihm wächst ausschließlich mit dem Grundstückspreis. Mir gehören laut Grundbuch – und als Materialist glaube ich an das Grundbuch und sonst gar nichts – ungefähr 800 Quadratmeter Vaterland in günstiger Stadtlage Berlins. Da ich ein noch relativ ungelernter Bundesbürger bin, kenne ich den genauen Quadratmeterpreis noch nicht. Aber daß dieser Quadratmeterpreis dort steigen wird, wo die Hauptstadt wirklich hinfällt, das habe ich endlich ge-

28

lernt. Also bin ich aus rein moralischen Erwägungen unbedingt dafür, daß alles nach Berlin kommt, was meinen Grund und Boden wertvoller macht.

Natürlich klebe ich nicht an meinem Besitz. Wenn sie dann alle hier sind, und mein Grundstück viel wertvoller ist als heute, werde ich es selbstverständlich verkaufen. Ich bin schließlich kein Lokalpatriot. Ich brauche weder Regierung noch Parlament in meiner Nähe. Ich lasse mich auch aus der Ferne gut und gern regieren.

Irgendwo in der Nähe von Bonn etwa kaufe ich mir dann ein billiges Stückchen Vaterland, lebe von den Zinsen meines Hauptstadtgewinns und warte in Ruhe die Entwicklung der rheinischen Grundstückspreise ab. Die heiligen Fragen deutscher Nation interessieren eben einen wie mich überhaupt nicht.

DEUTSCHE LIEBE VON OBEN

> Es waren zwei deutsche Kinder,
> die hatten einander so lieb –
> so lang sie zusammen nicht kamen
> und jeder zu Hause blieb.

Aber kaum waren sie zusammengekommen, da fielen sie übereinander her. Es war eine Liebe vor dem ersten Blick. Aus der feuchtfröhlichen Verbrüderung ist längst ein eiskalter Bruderkrieg geworden zwischen zwei allerdings sehr ungleichen Brüdern. Das einzige, was uns noch zu verbinden scheint, ist das gegenseitige Vorurteil, die zum Klischee geronnene Erfahrung: Wer nicht so ist wie wir, der ist gegen uns.

Was diesem vor sich selbst geflohenen Staat DDR in vierzig Jahren nicht gelang, gelang uns sozusagen in freier Selbstbestimmung über Nacht. Jetzt endlich wissen wir, wo der Feind wirklich steht – drüben. Seit dieser Feind nicht

29

mehr staatlich verordnet ist, haben wir ihn endlich angenommen. Und er uns. Die sich im November '89 besoffen in den Armen lagen, liegen sich jetzt ganz nüchtern in den Haaren.

Endlich trennen uns keine Mauern mehr. Das einzige, was jetzt noch zwischen uns liegt, das sind vierzig Jahre unterschiedlicher Erfahrungen. Um uns näherzukommen, müßten wir uns erst mal kennenlernen. Gerade das aber hat der deutsche Einigungsvertrag irgendwie nicht vorgesehen. Ost- und westdeutsche Vereinigungsfachleute gingen einfach mal davon aus, daß wir zusammengehörten, so sehr zusammengehörten, daß der eine sich getrost auflösen könnte, um im anderen aufzugehen. Die Hingabe des einen an den anderen wurde in Paragraphen gegossen, und so entstand eine deutsche Liebesgeschichte mit rein rechtsstaatlichen Gefühlen, die zwar keiner empfindet, aber jeder beim anderen einklagen kann.

Hauptmerkmal dieser juristisch beglaubigten, von Politikern verordneten Liebe aber ist: Sie kennt nur eine Stellung – der eine ist oben, der andere unten. Es ist sozusagen eine bürgerliche Ehe geworden. Und da entscheidet nun mal immer noch der Bräutigam, was beiden gefällt.

Die Braut empfängt auf dem Rücken liegend seine Wohltaten von oben. Er bringt alles Wichtige mit, wofür sie nur noch das Gefühl dankbarer Ohnmacht aufbringen muß. Gedanken braucht sie sich nicht mehr zu machen. Das erledigt er für sie. Denn da, wo sie herkommt, hat man ja denken nicht gelernt. Alle haben sie nur wie ein unmündiges Kind behandelt. Damit ist es endgültig vorbei. Endlich darf sie selbst den Weg gehen, den er ihr weist, den Weg in die Freiheit, den er für sie errungen hat. So kann sie sich zu ihm hinaufentwickeln, bis sie von ihm kaum noch zu unterscheiden sein wird.

Ein Geschlechtsmerkmal freilich läßt er sich nicht aus der Hand nehmen – das Geld. Das hat er ganz allein in die Ehe

30

eingebracht, also weiß er auch allein, wofür es ausgegeben werden darf. Was sie eingebracht hat, kann sie vergessen. Es wird erst in seiner Hand zum Wert. Also hat er es in seine treue Hand genommen, um es so zu verwalten, daß es von seinem Eigentum schon nicht mehr zu unterscheiden ist.

Ihre Hingabe ist das einzige, womit sie wuchern darf. Da duldet er keine Abstriche. Ein Leben vor der Vereinigung hat sie nicht gehabt. Was vor der Stunde Null war, waren allenfalls einige dunkle Kapitel, über die sie besser nicht spricht. Dann verzeiht er sie ihr auch. Die bürgerliche Ehefrau hat nun mal keine vorehelichen Erfahrungen. Sie kann voll auf die Erfahrungen ihres Mannes bauen. Denn auch die Erfahrungen stellt er ihr zur Verfügung. Das ist ja ihre große Chance – sie darf mit über vierzig noch einmal ganz von vorn anfangen. Er dagegen muß immer so weitermachen wie bisher. Sein Bett ist etwas breiter geworden, und es liegt jemand neben ihm. Wenn ihm so ist, dann langt er mal kurz rüber. Er darf das. Denn sie gehört ja jetzt ihm. Außer seinem Geld verdankt sie ihm auch all seine Gesetze, darunter das der Meinungsfreiheit. Sie kann jetzt denken, was sie will. Ja, sie kann sich sogar bei ihm über ihn beschweren und erntet noch ein Lächeln dafür. Die unbefriedigte Ehefrau gehört nun mal zur bürgerlichen Ehe. Die Gefahr, daß sie ihm untreu wird, besteht nicht. Sie weiß ja, was sie ohne ihn wäre. Da also an Scheidung gar nicht zu denken ist, ist es eine glückliche Ehe. Daß die Partner sich schon nach so kurzer Zeit nicht mehr riechen können, ändert nichts an ihrem heiligen Bund. Auch wenn sie zehnmal feststellen, wie sehr sie sich in einander geirrt haben, sie halten aneinander fest, bis daß der Tod sie scheidet.

Aus der Eintagsliebe ist der alltägliche Kleinkrieg geworden zwischen ihm, der es gar nicht nötig hätte, sich mit sowas abzugeben, und ihr, die sich alles ganz anders vorgestellt hatte. Wenn sie von ihren Gefühlen spricht, die er verletzt,

31

dann spricht er von seinem Geld, das sie ihn kostet. Wirft sie ihm seine gebrochenen Liebesschwüre vor, erinnert er sie an ihre finstere Vergangenheit. Ja, sie haben einander viel vorzuwerfen. Die Ehe mag unerträglich werden, langweilig wird sie kaum. Aber vielleicht raufen sie sich ja auch irgendwann einmal zusammen. Das soll auch in bürgerlichen Ehen vorkommen.

Die einzigen, die bei dem ganzen Ehezirkus vielleicht auf der Strecke bleiben werden, sind ihre Kinder, in diesem Falle die Landeskinder. Daß sie beide so viele davon in die Ehe einbrachten, daran haben sie wohl nicht so recht gedacht. Wer denkt schon an die Kleinen, wenn ihn die großen Gefühle derart übermannen? Und schließlich hätten die Kinder ja auch mal was sagen können. Bestimmt hätten die Großen sich das alles dann nochmal rechtzeitig überlegt.

> Wir waren wie Königskinder,
> so lang wir unendlich fern.
> Wie können zusammen wir kommen
> und haben uns trotzdem gern?

DIE SCHWÄCHEN MIT DEM GEDÄCHTNIS

> Ich weiß nicht, was soll es bedeuten,
> daß ich nicht vergessen kann.
> Denn unsern einst führenden Leuten
> seh ich kein Gedächtnis mehr an.
> Ich war einst geführtes Mitglied
> der führenden weisen Partei.
> Doch wenn ich die Führer heut höre,
> dann waren die gar nicht dabei.

> Schabowski war längst schon dagegen,
> als ich ihm noch zugewinkt.
> Und Krenz hat die Karten verwegen

im Spiel gegen Mittag gezinkt.
Als ich noch an alles glaubte,
was ich in der Zeitung hier fand,
da leisteten unsere Führer
schon gegen sich selbst Widerstand.

Nur ich bin zu feige gewesen,
in Wandlitz zu konspiriern.
Drum wird man von mir nie was lesen.
Es würde mich auch sehr geniern.
Ach hätte ich kein Gedächtnis,
dann schriebe ich auch Memoirn.
Das würde ein schönes Vermächtnis –
wie unschuldig wir alle warn.

Den Schießbefehl hat's nie gegeben.
Wer schoß, der schoß nur so aus Sport.
Und Mielke ließ uns nur aus Liebe
aus seiner Umarmung nicht fort.
Nichts Böses ist hier geschehen,
wovon man da oben gewußt.
Nur unten, die mußten es sehen –
sie haben's ja ausführn gemußt.

Wer früher mal ganz oben war,
kann heute guten Gewissens sagen –
die Mörder waren unter uns.

WENN DER KANZLER TRÄUMT

Für den Kanzler hat sich ein Traum erfüllt – er ist jetzt auch
mein Kanzler. Nie hatte ich angenommen, daß ausgerechnet einer wie ich in Kanzlerträumen vorkäme. Ja, ich hatte
dem Mann Träume eigentlich gar nicht zugetraut. Und in
meinen Träumen ist dieser Kanzler – so weit ich mich er-

innere – auch nie vorgekommen. Irgendwie müssen wir total zueinander vorbeigeträumt haben, der Kanzler und ich. Aber nicht nur das. Des Kanzlers Traum ist Wirklichkeit geworden, während meine Träume immer noch weit an der Wirklichkeit vorbeigehen. Während so ein real träumender Politiker ruhig schlafen kann, träumt unsereins unruhig vor sich hin. Selbst im Schlaf sind sie uns also haushoch überlegen. Was hab ich in diesem einen Jahr für einen Unsinn geträumt – zuerst von einer besseren DDR. Der Traum war kurz. Dann träumte ich von einem besseren Deutschland. Der Traum war noch kürzer. Nie war mir etwas gut genug, und auch jetzt noch, da mir so viele Politiker versichern, daß ich zum glücklichsten Volk der Welt gehöre, träume ich quer. Mir kann es offensichtlich niemand recht machen. So ein Kanzler dagegen träumt einmal kräftig zu, und schon sind meine Träume ausgeträumt. Denn wovon sollte ich jetzt überhaupt noch träumen. Wer sich vierzig Jahre lang verträumt hat, dem muß man einfach die Traumfähigkeit absprechen. Ich hab nicht nur die Lust am Träumen verloren, sondern auch das Recht dazu.

Nun sitze ich also da, versuche mühsam, die Augen offenzuhalten und der vom Kanzler herbeigeträumten Realität ins Auge zu blicken. Komischerweise kommt es mir gerade jetzt immer wieder so vor, als träumte ich alles nur. Dann beiße ich mir rasch in den rechten Arm – den linken wage ich gar nicht mehr anzusehen –, und wenn es richtig wehtut, weiß ich, des Kanzlers Traum ist auch für mich unwiderruflich Realität geworden. Er hat für mich mitgeträumt, der Selbstlose. Das, was der Kanzler gestern träumte, darf ich heut erleben. In seiner Freiheit, in seiner Selbstbestimmung, in seinem Traumland.

Wovon sollte ich also noch träumen können? Noch besser kann ja wohl nichts mehr werden. Daß Deutschland noch größer, noch mächtiger würde? Nein, diese Träume überlasse ich den Realpolitikern. Ihre Träume sind berechenbar

34

und ausgewogen, meine hingegen – wohlgemerkt, ich träume die ja gar nicht erst – wären unverschämt, überzogen, wirklichkeitsfremd.

Statt dessen versuche ich, mich endlich einmal in die Traumwelt des Kanzlers zu versetzen. Das fällt leichter, als ich dachte. Man muß nur die eigene Phantasie abschalten, und schon erkennt man nicht nur des Kanzlers nächsten Traum, man weiß auch schon den Tag, an dem dieser Traum Wirklichkeit sein wird. Es wird der dritte Dezember sein. Weiter träumt in Deutschland offensichtlich kein Realpolitiker.

Auch die gute alte SPD wird an diesem Tage ihr linkes Auge aufschlagen und nicht mehr wissen wollen, was sie mit dem rechten geträumt hatte. Ganz zu schweigen von den dann endlich verschwindenden Minderheiten, die sich an der Fünf-Prozent-Klausel vorbeizuträumen versuchten. Überlassen wir also das Träumen dem Kanzler, und versuchen wir einfach nur, die Augen offenzuhalten. Denn nur des Kanzlers Träume sind echt, alle anderen sind Blüten.

WIR WOLLEN UNSERE TOTEN KÖNIGE WIEDERHABEN

Das deutsche Volk hatte – wie andere Völker übrigens auch – wenig Glück mit seinen Herrschern. Das war damals, als man zum König noch geboren sein mußte, nicht viel anders als heute, da man zum Kanzler nur noch gewählt zu werden braucht. Der deutsche Gott hatte nun mal eine ebensowenig glückliche Hand wie der deutsche Wähler. Vom ganzen Gottesgnadentum früherer Herrscher konnte der neuere Kanzler nur die Gnade der späten Geburt in die Gegenwart retten. Auf jeden Fall aber geht und ging wohl Gnade in Deutschland fast immer vor Recht. So gesehen, sind wir eben doch ein besonders begnadetes Volk.

Von Friedrich dem Zweiten wird gesagt, er sei ein aufgeklärter Herrscher gewesen. Er wußte also, was er getan hatte und wünschte sich ein stilles Begräbnis ohne Prunk und Tschingderassassa, wovon er ja zu Lebzeiten mehr als genug hatte. Der offensichtlich weniger aufgeklärte Kanzler scheint immer weniger zu wissen, was er tut. Als absoluter Demokrat ist er ein Mann der Tat, der vor lauter wichtiger Tuerei einfach nicht zum Nachdenken kommt. Dafür kommt er am 17. August nach Potsdam, um dem großen Preußenkönig das zu gewähren, was dieser sich einst verbat – den großen Bahnhof zum Begräbnis. Er, der große lebende Kanzler, bringt ihm, dem großen toten König, eine Bundeswehrkapelle mit und ein paar Stabsoffiziere der Bundeswehr. Diese Bürger sollen sich also in Uniform vor einem verneigen, der durchaus ungezwungen einige Kriege vom Zaun brach und den Polen die erste Teilung ihres Vaterlandes bescherte. Das ist wohl Traditionspflege. Schließlich kann man ja nur die Traditionen pflegen, die man hat. Und das sind eben in Preußen nicht immer die besten.

Aber jetzt, da wir in den fünf neuen Bundesländern so schnell und unfeierlich von einer jüngeren Vergangenheit Abschied nehmen müssen, kann uns jede andere nur recht sein. Je älter, desto besser. Und wenn der Kanzler sich dafür nicht schämen muß, brauchen wir das auch nicht. Wir haben uns schließlich für die letzten vierzig Jahre so zu schämen, daß wir froh sein müssen, nun auf alles andre wieder stolz sein zu dürfen.

Was ist schon der preußische Militarismus gegen die Hinterlassenschaft der Staatssicherheit? Und schließlich soll ja auch der Soldatenkönig, Friedrichs großer Vater, nicht wieder zum Leben erweckt, sondern endgültig begraben werden. Je lauter wir das tun, desto deutlicher wird aller Welt, daß wir hier Abschied vom Militarismus feiern. Natürlich mit militärischen Ehren.

Was die Welt über uns denkt, kann uns egal sein. Wir machen uns schließlich auch keine Gedanken.

36

Wir legen vor aller Welt ein Bekenntnis zu unserer Geschichte ab, zunächst einmal zu unserer ferneren. Irgendwann werden wir dann auch zur näheren Geschichte kommen. Es gibt viel zu begraben – packen wir's an. Liegt da nicht im fernen Doorn noch einer, dessen Heimholung aussteht? Ehe nicht auch der letzte deutsche Kaiser bei uns mit Blechmusik und Freibier unter preußischen Rasen kommt, werden wir wohl keine Ruhe finden.

DER NEUE DEUTSCHE SCHÜTTELREIM

Zwei Dinge sind den Deutschen heutzutage unbegreiflich: Erstens – warum benehmen sich die Wessis wie die Wessis? Und zweitens – warum sind die Ossis wie Ossis? Können sie nicht alle sein wie ich und du, also wie wir? Schließlich sind wir doch alles Deutsche.

Aus dem stürmischen Händeschütteln ist ein nicht minder stürmisches Kopfschütteln geworden. Viele von uns schüttelt es bereits, wenn sie nur aneinander denken. Und wenn sie dann gar leibhaftig aufeinander treffen, gibt es ein verbales Hauen und Stechen, das von einem Grundirrtum bestimmt wird: Wir meinen eine gemeinsame Sprache zu sprechen, nur weil wir alle deutsch reden. So wie Liebende sich aufs unausgesprochene Wort verstehen, mißverstehen wir uns aufs ausgesprochene. Die heimliche Liebe, die uns verband, so lange die Mauer uns trennte, ist zu einer unheimlich offenen Feindschaft geworden, seit uns nichts mehr trennt als unsere Eigenart.

Dabei hatten doch früher Deutsche nie Angst vor Deutschen, sondern haben diese Angst in schönem Miteinander in der Welt verbreitet. Heute braucht die Welt uns offensichtlich nicht mehr zu fürchten, da wir nun alle Aggressionen in unserem ganz neuen Miteinander aufbrauchen. Gewiß, Ausländer, die sich noch auf den innerdeutschen Kriegsschauplatz begeben, profitieren hier und da auch noch von gesamtdeutscher Gastfreundschaft, die uns einst in der Welt so gefürchtet machte. Aber im Grunde brauchen wir gar keine Polen, Türken, Russen und so weiter, um die deutsche Sau herauszulassen. Wir haben nun endlich genügend deutsch/deutsche Ressentiments, um die multikulturelle Verachtung füreinander auszuleben. Gewiß vergreift sich der gemeine Ossi gern einmal am niederen Polen, wenn ihn der höhere Wessi gar zu sehr gekränkt hat, indem er ihm vorwirft, was Deutsche sonst nur Polen oder Balkanvölkern vorzuwerfen pflegten. Aber würden sich diese Polen nicht in unsere Angelegenheiten einmischen, indem sie einfach über unsere Grenzen kommen, sie hätten nichts zu fürchten. Um Ausländer kümmern wir uns grundsätzlich nicht, so lange sie im Ausland bleiben. Selbst daß die dritte Welt immer größer wird, also expandiert, regt uns nicht weiter auf. Unsere Neutralität, also Gleichgültigkeit der dritten Welt gegenüber, ist nahezu unerschütterlich. Und sollten uns die Fernsehbilder von hungernden Kindern doch einmal kurz beunruhigen, dann schicken wir – schon um des eigenen Seelenfriedens willen – Hilfspakete, die uns helfen, das eigene gute Gewissen nicht schlecht werden zu lassen. Auch den Kurden würden wir gern noch was zukommen lassen, wenn sie nur endlich eine feste Adresse angeben würden.

Aber aufregen kann uns das alles nicht halb so sehr wie das Grundproblem dieser Welt, nämlich daß alle Ossis faul und alle Wessis gerissen sind. Jeder mundfaule Ostkellner beweist seinem Westgast, daß im Osten noch nie richtig gearbeitet wurde. Und jeder großmäulige Westgast beweist eben jenem Ostkellner, wie verständnislos der ganze Westen dem ganzen Osten gegenübersteht. Auch vierzehnjährige Westschüler erklären inzwischen, daß sie vor vierzig Jahren mit nichts angefangen haben. Das sollen ihnen nun die achtzigjährigen Ostrentner endlich einmal nachmachen. Nämlich die Ärmel aufkrempeln und sich aus

38

ihrem selbstverschuldeten Nichts nach dort emporarbeiten, von wo die Westkindlein auf die Ostrenter hinabschauen. Der einfache Deutsche hat schon immer das einfache Urteil bevorzugt, um die Überlegenheit der einfachen deutschen Küche wenigstens zwischen den Mahlzeiten zu beweisen. So lebt auch der gemeine Westdeutsche für den einfachen Ostdeutschen seit vierzig Jahren in Luxus und Überfluß, fährt auch als Arbeitsloser unentwegt Mercedes und kommt nun in den wehrlosen Osten, um seine Luxusgarage gerade dorthin zu bauen, wo der unterdrückte Ostsklave seine Datsche errichtet hatte.

Als die Mauer noch stand, war es fast unmöglich, einen Westdeutschen zu treffen, der von sich behauptete, das bundesdeutsche Steuerrecht zu durchschauen. Seit die Mauer weg ist, sind wir Ostdeutschen selbst zum Steuerzahlen zu blöde. Die Westdeutschen hingegen wissen ganz genau, wohin der Steuerhase läuft. Schließlich haben sie mit ihren Steuergroschen schon immer für uns zahlen müssen. Früher war es die Spaltung, die sie finanzieren mußten, heute bezahlen sie wieder mal ganz allein die Einheit.

Sie haben uns die Autobahnen finanziert, und wir haben die Schlaglöcher hineingefahren. Überhaupt haben wir alles verkommen lassen, was ohne ihre Steuergroschen bei uns nie hätte gebaut werden können. Der Ostdeutsche hingegen hat vierzig Jahre ohne Vitamine unter ständiger Bewachung der Staatssicherheit im Untergrund verbracht.

Daß die Wessis alles besser wissen, wissen sie natürlich selbst auch am besten. Allerdings sind sie immer wieder gern bereit, dieses Wissen mit den dummen Ossis zu teilen. Denn gerade dieses westliche Know how ist besonders hilfreich. Die Ossis hingegen wissen am besten, wie schwer sie es schon immer hatten. Doch nachdem sie vierzig Jahre Geheimnisträger waren, verstehen sie es auch, dieses Wissen für sich zu behalten beziehungsweise nur dort zu äußern, wo sie schon immer gesagt haben, was sie denken

– am Stammtisch nämlich. Noch verachtet der Ossi den Wessi nur hinter vorgehaltener Hand und ballt seine beleidigte Faust in der Tasche. Das ist er so gewöhnt im Umgang mit der Obrigkeit. Daß er diese Obrigkeit einmal selbst gestützt hat, kann er sich kaum noch erklären. Den als Freiheitskämpfer geborenen Wessis hingegen ist es ganz und gar unbegreiflich, wie ein Mensch sich vierzig Jahre Diktatur überhaupt hat gefallen lassen können. Nachdem die Ostdeutschen endlich ihre Unfreiheit abgeschüttelt haben, bringen die Westdeutschen nun die Freiheit. Und was machen die Ostdeutschen mit dieser geschenkten Freiheit? Was sie immer gemacht haben. Sie schicken sich drein.

GESCHICHTE WIEDERHOLT SICH NICHT,

sie sieht sich nur manchmal verdammt ähnlich. Entstehende Ähnlichkeiten zwischen denen, die da in Rostock ihrem gesunden Volksempfinden freien Lauf ließen und jenen, die einst im Mai und im Oktober einem real gar nicht existierenden Sozialismus zujubelten, wären rein zufällig und gar nicht mehr beabsichtigt. Lieber vierzig Jahre nicht gelebt, als vierzig Jahre falsch gelebt. So haben wir Deutschen uns schon öfter aus dem Nichts emporgearbeitet, um plötzlich wieder wer zu sein. Wir sind also wieder wer, und das heißt, wir wehren uns wieder gegen die eigene Vergangenheit und die fremde Gegenwart von Ausländern. Im deutschen Wehrdorf Hoyerswerda sang der Rechtsradikale »Völker hört die Signale«. Und siehe, die Völker hörten und zogen es vor, wegzuziehen – von Obersachsen nach Niedersachsen. Als ob es dort keine Deutschen gäbe. Rostock hat nun endgültig gezeigt, daß die deutsche Vergangenheit wieder eine Zukunft hat. In den Fernsehübertragungen konnten wir alle miterleben, was es heißt, in Deutschland Asyl zu genießen. Die Asylanten, die zu Hause allenfalls vom Hungertod verfolgt waren, erleben nun

40

hier in Deutschland endlich das, wovor sie gar nicht geflohen waren – ihre Verfolgung aus rassischen und politischen Gründen. Was die Welt über uns denkt, kann uns egal sein. Schließlich machen wir uns auch keine Gedanken darüber. Wir haben ganz andere Sorgen, gerade hier in Berlin. Wenn zu den vielen, vielen Asylanten dann auch noch die vielen, vielen Politiker nach Berlin kommen – wo sollen wir die denn unterbringen? Wie wäre es mit Sammellagern für Politiker? Ich stelle mir vor: Seiters und Waigel im Doppelstockbett – das wäre doch endlich einmal gelebte Asylpolitik. Dort könnten sie dann in aller Ruhe nachdenken über den Artikel 16 im Grundgesetz. Ich bin sicher, sie würden ihn erweitern für sich.

Wir Ostdeutschen genießen indessen unsere neu gewonnene Freiheit, die uns erlaubt, alles zu sagen – ob wir es formulieren können oder nicht. Man muß nicht mehr denken, denn die Gedanken sind frei von jeder humanistischen Bevormundung. Schließlich haben wir aus unserer Geschichte gelernt, wie man sie fälscht. Heute stören uns die Ausländer in Deutschland und morgen in der ganzen Welt.

DIE ZWEI SPRACHEN DEUTSCHER NATION

Früher sagte man von der deutschen Sprache gern, sie sei eine reiche Sprache. Seit sie nun auch bei uns im fernen Osten der Bundesrepublik einen rein vermögensbildenden Charakter angenommen hat, finde ich sie neureich. Seit jener in der deutschen Sprache mehr herumwirtschaftende als dichtende Herr Schiller uns alle bereicherte mit Worten wie konzertierte Aktion oder ganz anonyme Friedensfreunde das Wort von der Nach-vorne-Verteidigung erfanden, bin ich mißtrauisch gegen alle sprachliche Bereicherung, die aus dem Westen kam und kommt.

Was wir im Osten zum deutschen Wegsprechwettbewerb beitrugen, war eher ärmlich. Wer einen gewöhnlichen Saftladen zum Getränkestützpunkt umformuliert, muß irgendwann mal Militär gewesen sein. Und wer den heiligen deutschen Weihnachtsmann zur Jahresendfigur erklärt, der kann nicht viel Phantasie haben. Aber Phantasie ist eben kein deutsches Wort und gehört auch als Vorstellungskraft nicht unbedingt zu den deutschen Stärken.

Das vor einem Jahr gesprochene Vereinigungspathos besann sich dann wieder auf die wenigen gesamtdeutsch gebliebenen Gefühlsbrocken, die in einer Kanzlerseele Platz haben – deutsches Vaterland, historisch, feierlich und für die noch einfacheren Gemüter als höchste Glücksbekundung das alles zusammenfassende schöne deutsche Wort: Wahnsinn! Damit kamen wir alle aus, als wir uns unter dem Segen des Kanzlers vereinigten.

Der dem Hochzeitsfest folgende Ehealltag hat uns alle ziemlich sprachlos gemacht. Wir reden zwar noch immer viel, verstehen aber immer weniger. Und weigern uns zu erkennen, daß wir ganz einfach verschiedene Sprachen sprechen, wir Brüder und Schwestern. Westdeutsch ist nun mal nicht Ostdeutsch und Ostdeutsch nicht Westdeutsch. Gemeinsam ist beiden Sprachen lediglich, daß sie kein sehr gutes Deutsch sind. Sprache ist auf beiden Seiten in den vierzig Jahren des kalten Krieges als Waffe benutzt worden. Leider bekriegten sich da aber nicht Dichter, sondern Politiker und ihre Militärs. Das merkt man unser beider Sprachen denn auch an. Man schlug mit Worten aufeinander ein. Das ist weder den Menschen noch ihrer Sprache gut bekommen. Und nun wundern wir uns, daß unser beider Kriegerlatein die deutsch/deutsche Vereinigung eher behindert als befördert. Merkten wir nur wenigstens, daß wir gar nicht mehr dieselbe Sprache sprechen, auch wenn wir dieselben Worte benutzen, wir würden vom anderen wohl nicht so erbarmungslos erwarten, daß er uns auf Anhieb versteht. Wir hielten Mißverständnisse für normal und würden uns vielleicht bemühen, die Sprache des anderen zu lernen, statt ihn immer nur mit den eigenen Worten zu erschlagen.

Nun ist ja wenigstens das in der DDR gepflegte Parteichinesisch eine endgültig tote Sprache. Das Wessilatein indessen lebt unbeirrt, also unverbesserlich vor sich her. Die Sprache des Siegers klingt auch dem, der seine eigene Niederlage bewußt mit herbeigeführt hat, nicht unbedingt schön in den Ohren. Aber es bleibt uns gar nichts übrig, wir müssen die Siegersprache erlernen, um wenigstens auf der unteren Ebene noch mitreden zu können.

Die alldeutsche Amtssprache ist ohnehin reines Westdeutsch und wird an uns Unreinen in Form von Steuerbescheiden und Abmahnungen alltäglich vollstreckt. Zu Hause, aber nur, wenn wir unter uns sind, wagen wir schon nochmal, unsere geschlagene Muttersprache zu sprechen. Aber auch im nunmehr freien Vaterland lassen sich deutsch/deutsche Begegnungen in dringenden Familienangelegenheiten nicht immer umgehen. Und da fällt nun mein einst so geliebter Westonkel verbal über mich her, und ich weiß gar nicht mehr, ob ich nur nicht mit ihm reden will oder es schon gar nicht mehr kann. Nein, wenn einem so ein lieber alter Onkel vorwirft, man verhalte sich kontraproduktiv, so braucht unsereins viel Zeit, um herauszubekommen, ob dieser Onkel nun besonders gebildet oder nur besonders blöd ist. So kompliziert denkt unsereins in sich rein und merkt gar nicht, wie easy doch alles in der Freiheit des unbedachten Wortes ist.

Mußte man sich früher zehnmal überlegen, was man seinem Westbesuch sagen durfte und was nicht, darf man heute gar nicht mehr überlegen, wenn man in Anwesenheit von Westbesuch überhaupt noch zu Wort kommen will. Man bekommt Antworten, zu denen einem gar keine Fragen mehr einfallen. Der andere weiß einfach alles, wonach man ihn nicht erst fragen muß. Er weiß, was eine Gewerbekapitalsteuer ist, wie man das Finanzamt um dieselbe betrügt und wie man am besten seine Sozialhilfe anlegt, damit sie nicht von der Inflation aufgefressen wird. Der leise Hinweis darauf, daß meine Familie schneller ist, als eine Inflationsrate je sein kann, wird mit einem mild-vorwurfsvollen Lächeln übergangen. Dann endlich wird mir die Frage gestellt, die ich mir selbst – das weiß mein Onkel ja am besten – doch nie wirklich stelle, nämlich, was wir hier im Osten alles falsch gemacht haben. Onkels Antwort auf Onkels Frage ist so einfach, daß ich sie fast verstanden hätte. Sie lautet: Alles. Aber das sagt er so wortreich, mit so viel Verständnis für seine Rechtschaffenheit, daß ich am Ende immer nicht so recht weiß, von wem er gesprochen hat. Dabei ist es ganz einfach. Ein Westonkel spricht immer von sich. Wenn er von unserer unbestreitbaren Schuld spricht, meint er eigentlich nur die eigene Unschuld. Meine belastete Vergangenheit bewältigt er, indem er mich zum eigenen Entlastungszeugen macht. Denn er hätte nie mit sich machen lassen, was wir mit uns machen ließen.

Wenn ich ihm dann zum herzzerreißenden Abschied einen Campari anbiete, weist er mich – schon etwas hoffnungslos – darauf hin, daß Campari ein reiner Aperitif sei, den wir im übrigen auch ihm zu verdanken hätten. Aber wer vierzigJahre ohne Campari leben mußte, trinkt ihn eben jetzt auch hinterher. Ich jedenfalls trinke nach solchen deutsch/ deutschen Begegnungen alles, was mich von unsern deutsch/deutschen Sprachproblemen ablenkt. Und dann wird mir die ganze deutsche Sprache so egal, und ich finde zurück zum letzten deutschen Wort, das für uns alle seine Bedeutung noch nicht verloren hat: Scheiße.

DIE NEUEN WERTE

Kennen Sie den? Wenn ein Westler heute an einem Ostgrundstück vorbeikommt, kennt er nur noch eine Frage: Sein oder nicht sein? So sehen die neuen Seinsfragen aus.

44

Das, was die verblichene DDR an Verwertbarem hinterlassen hat, die Immobile, muß neuverteilt werden, damit die Ostgebiete zu einem schönen, wertvollen Westgrundstück zusammenwachsen. Was da einmal Volkseigentum war, also keinem von uns je gehört hat, ist unter den Hammer gekommen, also zur Immobilmachung freigegeben. Der Hammer aber heißt Treuhand und schwebt über uns allen. Ich hatte seinerzeit, also noch zu schlechter alter DDR-Zeit, einmal im Scherz vorgeschlagen, man solle angesichts der Verkommenheit unserer volkseigenen Dörfer und Städte diese ganze Republik parzellieren und jedem Bürger sein Stückchen Land zuteilen, auf daß er es in Ordnung halte, wie der Privatbürger eben seinen Privatbesitz in Ordnung hält. Wie wir inzwischen alle wissen, wurde daraus nichts. Und so ist denn die ganze schöne, sozialistisch genannte Planwirtschaft an unserer so gar nicht sozialistischen Menschengemeinschaft gescheitert.

Was bleibt uns jetzt übrig, als es mal mit der freien Marktwirtschaft zu versuchen? Und siehe, die Treuhand macht jetzt ernst mit meinem scherzhaft gemeinten Vorschlag – sie parzelliert und verkauft. Ja, manchmal scheint sie geradezu zu verschenken, was ihr so wenig gehört, wie es uns je gehört hatte. Und siehe, auch wenn man manchmal das traurige Gefühl haben mag, daß uns eigentlich keiner so recht will, unsern Grund und Boden wollen sie alle. Also erübrigt sich endlich die dumme Frage, was wir in die deutsche Einheit einzubringen hätten. Plötzlich aber taucht ein Problem auf, das die Marktwirtschaft am wenigsten verträgt: ungeklärte Besitzverhältnisse. Alle Verhältnisse dürfen ungeklärt bleiben – das Verhältnis zur Umwelt, zum Paragraphen 218 oder 175 – nicht aber die Besitzverhältnisse, die in dem einen Grundsatz münden: Wer hat, der hat. Und genau das ist im Osten jetzt fast überall unklar. Denn es meldet sich plötzlich nicht nur, wer hat, sondern auch jeder, der mal hatte. Und wenn es nur eine obersächsische

45

Großtante war, die einmal irgendwo zwischen Dresden und Freital ein Gemüsebeet hatte. Hat, wer einst die Großtante hatte, auch wenn er sie persönlich nicht kannte, jetzt nicht wenigstens Anspruch auf eben dieses Gemüsebeet? Jede ideelle Großtante materialisiert sich jetzt in einem realen Besitzanspruch. Und wo werden Besitzverhältnisse in einem Rechtsstaat geklärt? Auf dem Rechtswege natürlich. Nun meinen viele von uns immer noch, bei diesem Rechtsweg handele es sich um eine breite Straße, die geradewegs zur Gerechtigkeit führe. Rechtssprechung aber hat mit Gerechtigkeit in etwa so viel zu tun, wie es die DDR mit dem Sozialismus hatte. Was Rechtssprechung vermag, erkennen wir ziemlich genau, wenn wir einmal den Mielke-Prozeß mit den Mauerschützenprozessen vergleichen. Zum Glück sind die wenigsten von uns Grenzschützen, und Mielkes Lederhut muß sich gar keiner von uns aufsetzen. Aber der eine oder andere unter uns hielt sich doch für den Besitzer – sagen wir – eines Arbeitsplatzes, einer kleinen Wohnung oder sogar eines eigenen Häuschens mit Garten. Zu mehr brachte man es ja nicht zu Zeiten des 40jährigen Unrechts. Und es war ja auch eigentlich nichts wert. Plötzlich steht aber gerade das einst so Wertlose zur Debatte. Der erfahrene Graf Lambsdorff hat einmal gesagt, wenn man zum Beispiel das Recht auf Arbeit in die Verfassung schreiben wollte, könnte man auch gleich das Recht auf schönes Wetter hineinschreiben. Also zum Arbeitsplatz dürfte der Rechtsweg schon mal nicht führen. Ob das jetzt gültige Mietrecht zu einer neuen, schöneren Wohnung führt, ist zumindest zu bezweifeln. Bisher führte es nur zur schöneren Miete. Aber seit wir für den alten Wohnkomfort diese neue Miete zahlen dürfen, wissen wir unsere Wohnungen auch erst so richtig zu schätzen.

Nicht zu schätzen wissen wir die Großmut vieler Alteigentümer, die uns vierzig Jahre lang auf ihrem Grund und Boden haben wohnen lassen, nur weil das SED-Regime sie

46

nicht zu uns herein- und uns nicht zu ihnen hinausgelassen hat. Wenn es ganz gerecht zuginge, müßten wir doch jetzt überhaupt erstmal alle Mietschulden nachzahlen, die sich in den vierzig Jahren bei uns angesammelt haben. Aber zu solcher Gerechtigkeit führt eben auch im Rechtsstaat noch kein Rechtsweg. Also wollen wir doch froh sein, wenn der Alteigentümer uns, ohne weitere Entschädigung zu verlangen, nur aus der Wohnung setzt. Müßten wir die ganze Miete nachzahlen, kämen wir gleich in den Schuldenturm. So bleibt uns wenigstens der freie Himmel.

Und der Rechtsweg. Wer sich ungerecht behandelt fühlt, kann ja vor Gericht gehen. Das machen uns doch unsere lieben Alteigentümer gerade vor. Die Besitzansprüche können für den gesunden Menschenverstand noch so weit hergeholt sein, ein geschickter Rechtsanwalt vermag einem zu Rechten verhelfen, von denen man kaum zu träumen wagte.

Und haben wir hier im Osten nicht wirklich alles verkommen lassen, während unsere jetzt wieder so nahen Verwandten sich in der Ferne um ihren verloren geglaubten Besitz schier verzehrten? Müssen wir nicht dankbar sein, daß sie sich unserer verseuchten Erde endlich wieder annehmen? Sie wissen doch schließlich, wie man diese Erde überhaupt erst bewohnbar macht.

Sie müssen auch nicht fürchten, daß etwa der liebe Gott plötzlich herunterkäme, um seinen Besitzanspruch auf die von ihm geschaffene Erde geltend zu machen. Gott mag die Erde geschaffen haben, aber von unseren Rechtswegen und ihren Instanzen hat er keine Ahnung. Nicht einmal auf ein Grundbuch könnte er sich berufen. Seine Bibel trägt auch nicht den kleinsten Behördenstempel, der überhaupt erst einen Besitzanspruch rechtfertigen könnte. Aber ich fürchte, wenn dieser liebe Gott den Zustand dieser von uns bewirtschafteten Welt sähe, er würde ohnehin auf Rückgabe verzichten, und zwar entschädigungslos.

47

Nein, ich glaube nicht, daß ausgerechnet in den Akten der Staatssicherheit die Wahrheit über vierzig Jahre DDR nachzulesen ist. Dieser Staatssicherheitsdienst gehörte offensichtlich zu den größten Arbeitgebern dieses kleinen Landes. Warum sollte ausgerechnet im größten Betrieb anders gearbeitet worden sein als in den Abertausend kleineren DDR-Betrieben, wo Erfolge gemeldet und aktenkundig gemacht wurden, die buchstäblich auf dem Papier errungen wurden? Von solchen Erfolgen dürfte es auch in den Spitzelberichten wimmeln. Je landesverräterischer und gefährlicher die Spitzel ihr Operationsgebiet beschrieben, desto wichtiger wurde ja ihre Arbeit, desto besser wurden sie also bezahlt, desto schneller hatten sie Aussicht auf Beförderung. Das Banale am Bösen ist, daß es von Menschen getan wird, die mir und dir so verdammt ähnlich sehen. Das Gute dürfte übrigens von ähnlicher Banalität sein.

Um das gleich vorauszuschicken, ich bin für die Offenlegung der Stasiakten, aber eben nicht nur der personenbezogenen. Mich interessiert der miese kleine Spitzel – selbst wenn er auf mich angesetzt gewesen sein sollte – weniger als das, was diese Geheimdienstwelt im Innersten zusammenhält – ihre Strukturen, ihre Methoden und ihre Verbindungen zur guten westlichen Außenwelt. Aber noch wird der Sack Anderson geschlagen, während Esel Schalck am Tegernsee grast. Die Suche nach dem letzten kleinen IM mag persönlich verständlich sein – auch Opfer sind eben nur Menschen –, aber diese Suche sollte nicht darüber hinwegtäuschen, daß mit dem Namen des Spitzels nicht das Wesen des Unterdrückungsapparates aufgedeckt wird.

Wie wäre es zum Beispiel mit einer vergleichenden Analyse der Akten von Staatssicherheit und Verfassungsschutz? Daß man beide Geheimdienste nicht miteinander vergleichen kann, wird von allen gesagt, die hinter dem Verfas-

48

sungsschutz stehen. Wenn es so ist, sollte man nun aber auch die Akten des Verfassungsschutzes offenlegen, damit wir endlich lernen können, wie ein demokratischer Geheimdienst arbeitet. Woher soll ich aber wissen, daß er demokratisch arbeitet, wenn ich gar nicht weiß, wie er arbeitet? Ich lese, daß der BND bei der Erstürmung der Stasizentrale in der Normannenstraße zugegen war. War er dabei, um den Opfern zu ihren finsteren Akten zu verhelfen, oder hatte er da selbst seine lichten Geschäfte zu besorgen? Vergangenheitsbewältigung hat doch erst einen Sinn, wenn sie hilft, Gegenwart und Zukunft zu bewältigen. Also erst eine vergleichende Analyse zwischen den Methoden des Gott sei Dank zerschlagenen Geheimdienstes und denen, die noch arbeiten, könnte uns sagen, was da nie wieder erlaubt sein sollte. Das erfährt man nicht, wenn man den letzten Namen des letzten Spitzels des einen Geheimdienstes weiß. Mit der Nennung dieser Namen können die Bespitzelten ihrer Empörung Luft machen. Sie sollten aber auch bedenken, welche Schlagzeilen aus ihrer Empörung gemacht werden. Die Namen bringen vielleicht Licht in die Dunkelheit privater Biographien – oder auch Dunkelheit in vermeintliches Licht – Aufschluß über Vergangenes, der uns helfen könnte, besser mit dem uns Bevorstehenden fertig zu werden, bringen sie nicht.

Etwas anderes geschieht – auch unschuldige Menschen, über die die Stasi falsch Buch geführt hat, geraten in Verdacht, und haben keine Möglichkeit sich zu schützen. Der Verdacht der Stasimitarbeit reicht, um jeden zu kompromittieren, dem man sowieso gern eins auswischen wollte. Heute schreibt die eine Zeitung noch vorsichtig – ich spreche weder von SUPER noch von BILD, sondern von einer Zeitung, die auch ein Nachrichtenmagazin sein kann –, also heute schreibt diese eine Zeitung noch in der Möglichkeitsform von Stasiverstrickungen des Professor Fink oder der Rechtsanwälte de Maizière und Gysi. Morgen sind die

Genannten für alle Zeitungen bereits überführte Stasimit-arbeiter, überführt durch die Tatsache, daß sie den geäußerten Verdacht nicht ausräumen können. Die journalistische Verurteilung kennt keinen Zweifel für den Angeklagten und klagt gleich die mit an, die im Zweifel für die Angeklagten sprechen. Weil sie sich für Täter einsetzen, statt die Opfer zu beklagen. Und so wird es denn kommen, daß wir bald wieder Opfer zu beklagen haben werden. Wieder einmal fallen Späne beim Hobeln. Daß man ein Unrecht mit dem anderen Unrecht rechtfertigt, ist doch so neu nicht in unserer deutschen Vergangenheitsbewältigungsgeschichte.

Ich bin überwältigt von der Selbstgerechtigkeit vieler, denen wirklich oder vermeintlich Unrecht geschah. Auch sie sollten darauf achten, ob sie einen Überführten oder nur einen vermeintlichen Täter an den deutschen Pranger stellen. Es wäre nicht das erstemal, daß die verfolgende Unschuld Unschuldige verfolgt und an einen Pranger stellt, von dem sich keiner mehr erholt. Auch nicht, wenn er später einmal in einem kleingedruckten Dementi rehabilitiert wird. Das Kind mit dem Bade ausschütten, kann auch Kindesmord sein, wenn das Wasser noch so dreckig ist.

Wer sich im Recht fühlt, hat auch die Pflicht, demjenigen Recht zuzubilligen, der im Verdacht steht, Unrecht getan zu haben. Denn für die Gerechten braucht man die ganze Rechtsprechung ja nicht.

> Die Saat ist aufgegangen.
> Die Stasi-Akten prangen
> und machen allen klar.
> So laßt euch denn ihr Brüder
> auf euren Akten nieder
> und macht davon Gebrauch.
> Verschon uns Gott mit Strafen
> und laß uns ruhig schlafen
> und unsern kranken Mielke auch.

DIE STÜTZEN DER GESELLSCHAFT
(Immer im Chor zu singen)

Mit uns ist jeder Staat zu machen,
denn wir gehören stets dazu.
Zur Freiheit wie zu Diktaturen
sind wir das Passepartout.
Wir leben, und wir lassen leben –
gleich wie, gleich wo, gleich unter wem.
Uns gab's, uns gibt's, uns wird es geben
in jeglichem System.

Auf uns beruht die Macht der Macher –
wir machen schließlich alles mit.
Auf uns baut auch der Widersacher,
wenn er ans Ruder tritt.
Wir sind nie vorn. Wir sind die Mitte.
Wir sind nicht gut, doch auch nicht schlecht.
Was wir tun, das ist eben Sitte
und stets das gült'ge Recht.

Zur Zeit sind wir grad Demokraten.
Das ist die Gnade der Geburt.
Die Eltern haben als Soldaten
genau wie wir gespurt.
Wenn es mal wieder anders käme,
wär das für uns doch kein Problem.
Denn wenn man uns die Freiheit nähme,
dann läge das doch am System.

Wir sind doch nicht die Ideologen.
Wir sind das Volk und folgen nur.
Wenn's schiefgeht, hat man uns betrogen,
von Schuld fehlt jede Spur.
Opportunisten, schließt die Reihen –

wir sind der Weisheit letzter Schluß.
Wir sind die stärkste der Parteien,
mit der man immer rechnen muß.

DIE ZWILLINGE

Entschuldigung, haben Sie Kinder? Also ich hatte mal welche. Zwillinge. Zwei. Eineiig. Eins wie das andere. So hab ich sie auch angezogen. Eins wie das andere. Selbst der Vater konnte sie manchmal nicht auseinanderhalten, so ähnlich waren sie sich. Darauf habe ich immer Wert gelegt, daß die Ähnlichkeit erhalten bleibt. Nicht nur äußerlich. Was der eine bekam, bekam der andere auch. Sie sollten es beide gleich gut haben. Deshalb bekamen auch immer beide die gleiche Strafe, wenn einer etwas angestellt hatte. Bei uns ging es immer gerecht zu. Keiner sollte bevorzugt, keiner benachteiligt werden. Weder beim Frühstücksbrot noch bei der Ausgangssperre ...
Und jetzt? Kriminelle. Beide. Gewaltverbrecher, aber keine normalen, für die man Verständnis haben könnte. Politische. Der eine Glatze, der andre so eine Mähne. Schon äußerlich sind das nicht mehr meine Kinder. Wir haben ihnen immer gesagt, daß sich gerade am Haarschnitt die Geister scheiden. Also, von uns haben sie das nicht. Weder die Glatze noch die Mähne. Wir haben sie immer auf die Gefahren hingewiesen, die von den Haaren ausgehen. Da duldeten wir keinen Widerspruch. Für meinen Mann war die Frisur eine prinzipielle Entscheidung. Auch wenn er selbst oft nicht zu Hause sein konnte, seine Prinzipien waren immer da. Und wenn er selbst da war, dann hat er strikt für Harmonie und Ordnung gesorgt. Dazu gehörte eben auch Stubenarrest und Fernsehentzug. Dann gab's weder Sandmann noch Aktuelle Kamera. Westfernsehen sowieso nicht. Wir haben immer jede Form von Gewalt abgelehnt. Nachts konnten wir ja manchmal mit ansehen, wie das Westfern-

52

sehen versuchte, aus unseren Kindern Gewaltverbrecher zu machen. Auch wenn wir das heute anders sehen, damals war das Westfernsehen schuld, wenn die sozialistische Erziehung nicht fruchtete. Für meinen Mann wäre es auch peinlich gewesen, wenn seine Kinder in der Schule erzählt hätten, was sie zu Hause im Fernsehen gesehen hatten. Und zum Lügen wollten wir sie nicht erziehen. Sie sollten das Falsche gar nicht erst sehen. Wie richtig das war, sehen wir ja heute, wo alles so falsch gelaufen ist.

An unsern Grenzen konnten sich die Kinder doch orientieren. Und so lange die Mauer stand, konnten wir sie auch vor ihren schlechten Eigenschaften schützen. Die ganze Unmenschlichkeit des Kapitalismus erleben wir jetzt an den eigenen Kindern. Der mit der Glatze hat einen Neger zusammengeschlagen. Nun gut, die ungewohnte Hautfarbe mag ihn provoziert haben. Aber der andre, der Langhaarige, hat ein unschuldiges Warenhaus demoliert. Und einen Polizisten verletzt. Einen Ordnungshüter! Auch wenn der jetzt eine andere Ordnung schützt, die Achtung vor der Uniform schlechthin haben doch unsere Kinder mit der Muttermilch eingesogen. Soll denn das alles nichts mehr wert sein? Wofür hatten sie denn Staatsbürgerkunde, wenn sie jetzt nicht mehr zwischen Neger und Polizist unterscheiden können? Mein Mann hat das rechtzeitig erkannt. Er hat sich von beiden distanziert. Nein, nicht erst nach der Wende. Das mit den Haaren fing ja vorher an. Noch als mein Mann selbst für die Staatssicherheit gearbeitet hat, fingen die langen Haare und die Glatze an, den Familienfrieden zu stören. Da mußte ein klarer Strich gezogen werden. Wie richtig das war, sehen wir ja jetzt. Für Gewaltverbrecher ist bei uns kein Platz. So lange die Mauer noch stand, konnte mein Mann mit Hilfe seiner Mitarbeiter das Schlimmste verhüten, nicht nur in der eigenen Familie. Es ging uns ja nie nur um uns. Aber jetzt kennen die Menschen ja keine Grenzen mehr. Ich bitte Sie, die Zeiten sind schwer für uns alle. Mein Mann mußte sich mit seinem eigenen Klassenfeind arrangieren. Und es ging. Er arbeitet jetzt ... Na, jedenfalls ist er schon wieder Geheimnisträger. Man muß eben auch in seinem Feind mal das Gute sehen. In so einer Familie ist für Gewaltverbrecher kein Platz. Man muß sich jetzt von so vielem trennen. Auch von solchen Kindern.

EIN BISSCHEN KRIEG

Ein bißchen Krieg braucht dieses Land zum Leben.
Ein bißchen Krieg, der unser Volk vereint.
Ein bißchen Krieg wird den Gemeinsinn heben.
Ein bißchen Krieg, der scheidet Freund und Feind.
Es gäbe endlich wieder deutsche Helden,
von deutschen Müttern deutsch geborn.
Und nach dem Krieg wär Deutschland aufzubauen –
ob nun gewonnen, ob verlorn.

Ein bißchen Krieg für Deutschlands innren Frieden,
ein bißchen Krieg, der Arbeitsplätze schafft,
ein bißchen Krieg für deutsche Waffenschmieden,
ein bißchen Krieg, und statt Asyl gibt's Haft.
Die Waffenhändler brauchten nicht zu schieben.
Wir gäben Gold für Eisen hin.
Sie würden Deutschland über alles lieben
und machten trotzdem noch Gewinn.

Ein bißchen Krieg – wer brauchte dann noch Drogen?
Ein bißchen Krieg – die Jugend wäre clean.
Ein bißchen Krieg – ganz ohne Demagogen –
ein bißchen Krieg – der würde sie erziehn.
Es gäbe endlich wieder Abenteuer.
Man wüßte mit sich selbst wohin.
Ein bißchen Krieg, ein bißchen deutsches Feuer,
und alles hätte wieder Sinn.

DER DEUTSCHE HUMOR IST BESSER
ALS SEIN RUF

Quod erat demonstrandum. Mit dem deutschen Humor ist es wie mit dem englischen Bier und dem französischen Sauerkraut – empfindsamere Gemüter behaupten, er sei ungenießbar. Das aber geht an der Wahrheit weit vorbei. Denn eines zeichnet den deutschen Humor vor dem englischen Bier und dem französischen Sauerkraut aus – es gibt ihn überhaupt nicht. Witze über Kohl, die hierzulande manche für Humor halten, sind nichts weniger als das. Sie sind reine Fahrlässigkeit.

Daß in Deutschland trotzdem hier und da gute Witze erzählt werden, liegt allein daran, daß Deutschland ein witzoffenes Land ist. Also über andere lachen wir schon ganz gern mal. Und die deutsche Muttersprache ist im Gegensatz zum deutschen Vaterland etwas durchaus natürlich Gewachsenes, vermag also fremde Einflüsse aufzunehmen, zu verarbeiten und zur eigenen Bereicherung zu nutzen. So kommt es denn, daß man auf deutsch durchaus gute englische oder noch bessere jiddische Witze erzählen kann. Aber wer fremde Witze erzählen kann, muß noch lange keinen eigenen Humor haben. Der gemeine deutsche Humorist, der am liebsten auf fremde Schenkel klopft, verlangt den Humor ausschließlich von seinen Zuhörern. Hätte er nicht die allgemeine deutsche Schwiegermutter und was es sonst noch gibt an Gebrechen auf der Welt, die seine Bretter sind, der Humorist müßte Größe zeigen und schweigen. Aber mit der Größe ist es wie mit dem Humor – man hat sie, oder man hat sie nicht. Und so kommt es denn, daß deutsche Humoristen nicht zum Schweigen zu überreden sind. Da sind sie wie die englischen Bierbrauer und die französischen Sauerkrauthersteller. Sie wollen nicht einsehen, daß auch ein Volk nicht alles haben kann.

Das deutsche Volk hat gutes Bier, gutes Sauerkraut und vor

allem sein gutes Geld. Was braucht es da noch Humor? Daß es überhaupt deutsche Humoristen gibt, liegt daran, daß manche Leute eben anders nicht ihr gutes Geld für Bier und Sauerkraut verdienen können. Durst und Hunger aber sind im Gegensatz zum Humor deutsche Bedürfnisse, während das Bier der Engländer und das Sauerkraut der Franzosen eher Beweise für deren Humor sind.

Brecht hat mal gesagt: »Glücklich das Land, in dem man keinen Humor braucht.« Daß er damit unmöglich Deutschland gemeint haben kann, beweisen das deutsche Feuilleton und das deutsche Fernsehen als die beiden Extreme des geistigen Lebens in Deutschland. Für beide brauchte man eigentlich viel Humor. Ohne ihn erscheinen sie einem oft ähnlich ungenießbar wie dieser angeblich real-existierende deutsche Humor.

Nein, nein, der deutsche Tiefsinn, der sich über unser ebenso deutsches Flachland ergießt, sollte uns grundsätzlich mißtrauisch machen gegen alles Lachen auf dieser Welt. Es sei denn, wir lachen über das französische Sauerkraut und das englische Bier. Über den deutschen Humor gibt es nichts zu lachen.

WER WILL EIGENTLICH DIE DDR WIEDERHABEN?

Es gibt eine altwestdeutsche Volksweisheit: Wer aus dem Saustall einer Diktatur kommt, der sollte nicht noch in der guten Stube der Demokratie auf den Teppich meckern. Wer früher in der Bundesrepublik gemeckert hat, dem wurde gesagt: Geht doch nach drüben. Jetzt, wo es kein Drüben mehr gibt, sondern nur noch ein Jenseits, fragen uns die von drüben, wenn wir hier meckern, nur noch: Du willst wohl deine alte DDR wiederhaben? Und wenn die Frage kommt, und sie kommt nicht immer, aber immer öfter, dann kommt uns alles hoch, was uns so verbindet: Dann

56

kotzen wir uns nur noch an. Da sind die vierzig Jahre Weihnachtspäckchen vergessen, und der gebrauchte Westwagen vor der ostdeutschen Haustür zählt gar nicht mehr. Dann gilt nur noch, was Tante Erna in Dresden schon zu Zeiten der Weimarer Republik von der ganzen Pforzheimer Sippe gesagt hatte: Die warten doch nur darauf, daß Onkel Albert stirbt, um hier alles wegschleppen zu können.

Ja, die deutsche Einheit hat das deutsche Familienleben sozusagen auf den Vorkriegsstand zurückgeworfen. Das unter Stacheldraht und Mauer begrabene Kriegsbeil wird wieder ausgegraben, und dann ist alles wieder wie in Friedenszeiten, als sich die Familie auch nur noch vor Gericht gesehen hat. Aber nicht nur an angeborenen Familienbanden, nein, auch an selbstverschuldeten Freundschaftsbanden knüpfen wir uns gegenseitig auf. Jetzt treten die alten Wahrheiten endlich wieder zutage: Die einen sind sowieso bloß hinter dem Geld her, während die andern schon immer zu faul zum Arbeiten waren. Das sind nämlich die ewigen deutschen Wahrheiten, die das SED-Regime nur so lange unterdrückt hatte. Hätten sie uns früher zusammenkommen lassen, es wäre doch nie zu dieser Einheit gekommen, in der die Ossis nur alles behalten und die Wessis nichts hergeben wollen. Geben lassen ist seliger denn nehmen lassen. Die christliche Nächstenliebe ist kein leerer Wahn: Auge um Auge, Zahn um Zahn!

Nein, nein, der deutsche Familienfrieden war nur ein durch Mauer und Stacheldraht erzwungener Waffenstillstand. Der kalte Krieg hat die Familien getrennt, der heiße Frieden läßt sie wieder aufeinander los. Der eine Familienteil hat in vierzig Jahren Freiheit hart arbeiten müssen, während der andere Teil unter der Diktatur nur faul herumgelungert hat. Die einen haben gelitten, während die andern immer nur genossen haben. Die einen waren Genossen, die andern haben genossen. Auf jeden Fall wird wieder scharf geschossen zwischen Genießern und Genossen. Und wer vierzig

Jahre lang in der DDR in einer Liebknecht-, Luxemburg-oder Leninstraße gewohnt hat, der war doch irgendwie Genosse, ob er nun in der Partei war oder nicht. Sage mir, wo du wohnst, und ich sage dir, was du bist .

Aber wer nun die DDR wiederhaben will ... Ich versichere Ihnen: Wir nicht. Wir hatten sie ja lange genug. Aber die armen Bundesbürger, die uns jetzt plötzlich alle am Hals haben, die wären uns wohl ganz gern wieder los. Wie gern würden die uns wieder ihre Westpakete schicken, statt uns nun als Steuerpaket ewig mit sich herumzuschleppen! Also auf die theoretische Frage, wer die DDR wiederhaben will, gibt es nur eine praktische Antwort: Die Altbundesbürger. Also gebt ihnen endlich unsere DDR zurück, und keinem wird es mehr schlechter gehen!

NACHHOLEBEDARF

Wir haben viel mehr nachzuholen, als wir zu träumen wagten in den fünf neuen Bundesländern. Wieviel das ist, fiel mir neulich wieder auf, als mir in einer Buchhandlung das Grundgesetz der Bundesrepublik Deutschland in die Hand fiel. Mein Gott, dachte ich sofort, da stehst du nun seit Jahr und Tag auf dem Boden des Grundgesetzes und hast noch nicht mal gelesen, worauf du stehst.

Auffällig ist zunächst, wie dünn das Büchlein ist, verglichen mit den tausend ganz legalen Steuertricks, dem anderen Klassiker westdeutscher Literatur, den wir übernommen haben. Im Gegensatz zu den Steuertricks ist das Grundgesetz sehr schön geschrieben und so verständlich, obwohl durchaus poetisch und auch lehrreich. Es hat allerdings – wie andere schöne Literatur ja auch oft – nicht so sehr viel zu tun mit dem wirklichen Leben. Einem demokratieunerfahrenen Menschen wie mir erschien zunächst völlig unerklärlich, wieso das Bundesverfassungsgericht diese Verfassung nicht schon längst als wirklichkeitswidrig verurteilt hat.

Aber dann fiel mir das alles erklärende Wort ein, daß ich so oft aus dem Munde von Politikern gehört hatte: Verfassungswirklichkeit. Die hat man ja extra geschaffen, damit man sie nicht mit der wirklichen Wirklichkeit verwechselt. Gleich vorn steht ein Satz, der in seiner gespenstischen Sprengkraft gefährlich für die ganze soziale Marktwirtschaft werden könnte, nähme man ihn beim Wort. Die Würde des Menschen, steht da geschrieben, ist unantastbar. Mein Gott, dachte ich sofort, wenn das nun ein Ausländer liest, der da gemütlich in seinem Sammellager auf dem Doppelstockbett lungert oder vor der Gemeinschaftstoilette ansteht. Diese uns feindlich gesinnten Ausländer schrecken doch auch vor unserer wehrlosen deutschen Sprache nicht mehr zurück. Mit unserem Sozialprodukt eignen die sich auch gleich noch unsere Sprache an, und dann pochen sie vielleicht in Deutschland auf ihre ausländische Würde, nur weil sie sich auch gleich für Menschen halten. Warum haben auch seinerzeit die Verfasser des Grundgesetzes nicht auf den Unterschied zwischen inländischen und ausländischen Menschen hingewiesen?

Was macht nun so ein eindeutig ausländischer Tamile oder Kurde mit seiner in unserer Verfassung festgeschriebenen Würde? Wohin soll er sie denn stecken, damit sie das bleibt, was unser Grundgesetz vorschreibt: unantastbar? Wo kann er sie und am besten auch sich verstecken, wenn unsere deutschen Würden- und Waffenträger sein gemütliches Sammellager überfallen und ein wenig anzünden? Ich schlage vor, das Grundgesetz dahingehend zu verändern, daß wenigstens die mittellosen Ausländer die Möglichkeit erhalten, ihre Würde an den deutschen Grenzen abzugeben, damit sie dort sicher verwahrt werden kann und erst im Falle der Abschiebung wieder herausgegeben wird.

Aber nicht nur über den Unterschied zwischen In- und Ausländern scheinen sich die Väter unseres Grundgesetzes im unklaren gewesen zu sein. Auch vom natürlichen Unterschied zwischen Mann und Frau sind sie offensichtlich noch nicht unterrichtet gewesen. Denn auch die Verfassungsbehauptung, daß Mann und Frau gleichberechtigt seien, ist, gelinde gesagt, wirklichkeitsfeindlich. Und was den Asylanten die Sammellager, das sind den Frauen die Frauenhäuser. Hier können sie sich vor Übergriffen schützen. Stammtisch und Arbeitsplatz hingegen genießen den besonderen Schutz vor der Frau.

Und noch etwas: Welcher Mann mag sich überhaupt noch auf Dauer eine eigene Frau leisten, wenn in diesem Grundgesetz steht, Eigentum verpflichtet? Ein eigenes Haus verpflichtet vielleicht, es kostengünstig zu vermieten, kostengünstig für den Vermieter natürlich. Aber eine eigene Frau? Was fängt man mit ihr kostengünstig an? Nein, nein, man wird wohl nicht darum herumkommen, das Grundgesetz irgendwann auf den Boden der Wirklichkeit zurückzuholen.

Die inzwischen konzentrierten Bemühungen der Politiker unserer großen Parteien, dieses Grundgesetz durch Änderungen einer nicht zu verändernden Wirklichkeit anzunähern, reichen längst nicht mehr aus. Es kann doch nicht sein, daß unsere Verfassung allein durch ein paar Schönheitsfehler korrigiert wird. Es gilt doch, das Grundgesetz endlich mit Leben zu erfüllen. Hoyerswerda, Rostock und Hünxe mahnen. Verfassungspoesie und Wirklichkeit klaffen weit auseinander. Die deutsche Sprache mag noch so poetisch klingen, das deutsche Handeln verlangt eine klare Sprache. Und deutsche Politiker haben ausschließlich Handlungsbedarf. Allein dieses klare Wort beweist ja schon, wie gering ihr Sprachbedarf ist. Die schönen Reden werden sonntags und vom Bundespräsidenten gehalten. Die Bundesregierung hingegen muß endlich handeln, und dazu braucht der Bundesinnenminister nicht länger Verfassungsbedenken, sondern endlich Handlungsspielraum. Die sozialdemokratischen Bedenkenträger haben die Ver-

60

fassung immer nur kommentiert. Es kommt aber nun darauf an, sie zu verändern. Es kann nicht länger heißen: Ernst ist das Leben, heiter das Grundgesetz. Nein, wir müssen endlich mal ernst machen mit diesem Grundgesetz.

DIE TRÜMMERFRAU
(Kein Berliner Original)

Sie steht vor manchem Rathaus rum
als Denkmal, also ziemlich stumm.
Erkennungszeichen – die Schippe, die Kluft
und dann dieser dämliche Blick in die Luft,
als sähe sie da die Zukunft schon liegen.
Nach tausend Jahren Pyrrhussiegen
wir lassen uns nicht unterkriegen?
Sie waren doch unten, ganz tief im Dreck.
Nicht nur die Männer, der Glaube war weg.
Sie waren plötzlich gleichberechtigt,
zu jeder Drecksarbeit ermächtigt.
Sie hatten den Krieg nicht geführt, nur verloren.
Sie waren zur falschen Zeit geboren.
Nun hatten sie Hunger und haben gefroren
und fühlten auch Schuld. Gewiß, sie schrien »Heil«
und dachten sich bestenfalls ihren Teil.
Doch wirklich getan hatte kaum eine was.
Rot wurde man später. Erst war man mal blaß
Sie warn damals jung – ihr einziges Glück –
das war ihr Pech. Denn das kommt nicht zurück.
Gut, wenn es uns heute besser geht.
Nur für sie kam und kommt vieles immer zu spät.
Oder zu früh. Alleinstehend warn sie auch ohne
                                       Scheidung
und trugen schon damals Omas Kleidung.
Sie waren noch jung, und sie warn schon verdorben.
Mit den Menschen warn auch ihre Werte gestorben.

Sie krochen zur Arbeit, um nicht zu krepieren.
Doch das Leben blieb lange nur Vegetieren.
Von Mut und von Zuversicht schrieben die Dichter.
Wer den Karren aus dem Dreck zieht, der sieht sowas
                        schlichter.
Der Mut hieß Verzweiflung, die Zuversicht Not,
die einzigen Ideale waren Frieden und Brot.
Und wenn sie mal lachten, dann meist über Zoten.
Es war zum Schreien, wie schnell Damen verrohten.
Denn da standen auch Damen im Staub und im
                        Schmutz
und wurden zu Weibern ohne männlichen Schutz
und haben, was ihnen kein Kerl zugetraut –
sie selbst sich auch nicht – aus Ruinen Häuser gebaut.
Und nun war es plötzlich wieder verkehrt.
Auch die neuen Werte waren nichts wert.
Nun sitzen sie wiedermal auf Ruinen,
hinterlassen von einigen Paladinen.
Ob sie nun glauben, sich selbst nur belogen –
man hat sie um ihr zweites Leben betrogen.
Und sie fühlen bei allem noch eigene Schuld –
war es Feigheit, war's nur Geduld?
Wir Jüngeren schaffen vielleicht noch die Wende.
Aber wer überlebt schon zweimal sein Ende?

EIN DEUTSCHER EINHEITSBRIEF

Liebe unbekannte westdeutsche Brüder und Schwestern!
Seit uns unser Kanzler mit Euch vereinigt hat – zu seinem
Ruhm und auf Eure Kosten – haben wir Probleme miteinander, die wir noch nicht hatten, als wir getrennt voneinander lebten. Seit wir einander kennengelernt haben, sind
wir uns fremd geworden.
Und mit uns Fremden sollt Ihr nun plötzlich einen Solidarpakt schließen? Statt uns immer mal ein Päckchen Kaf-

62

fee zu schicken als Zeichen Eurer Solidarität mit uns Armen, sollt Ihr nun plötzlich teilen, was Ihr allein erarbeitet habt – Euren Wohlstand? Zu DDR-Zeiten übten wir auch gern mal Solidarität mit den Armen dieser Welt.

Wir schickten keinen Kaffee, der war zu teuer in unserer DDR. Dafür kauften wir regelmäßig diese wunderbaren kleinen Solidaritätsmarken, die man sich so herrlich ins Gewissen kleben konnte, ohne deshalb gleich rot zu werden. Wir hatten gänzlich ideologiefreies Mitleid mit den Armen, wie Ihr Mitleid mit uns Armen hattet, damals als wir zu Euch wie die Fremden zu uns allenfalls mal besuchsweise kamen. Damals veranstalteten wir mit ihnen – wie Ihr mit uns – sogar richtige Feiern, wenn wir zusammenkamen. Heute, da wir zu Euch und die noch ärmeren Fremden auch zu uns kommen dürfen, sind wir Euch, was die ausländischen Fremden für uns sind – Wirtschaftsflüchtlinge. Nein, mit Rassismus hat das gar nichts zu tun. Denn andere Hautfarben und Religionen stören uns eigentlich nicht. Uns stört wirklich nur die Armut der andern. Wir haben überhaupt nichts gegen die dritte Welt, im Grunde nicht einmal etwas gegen ihre Armut, so lange sie dort bleibt, wo sie noch unser Mitleid, nicht aber unseren Abscheu erregt – in weiter Ferne.

Und eigentlich ist es nicht einmal wirklich Abscheu, sondern ganz einfache, sehr menschliche Angst. Angst, daß die fremde Armut zur eigenen werden könnte.

Wer so richtig reich ist, der hat natürlich weniger Angst. Richtiger Reichtum weiß sich zu schützen – schon vor dem Anblick der Armut. Aber wer sich vor dem Anblick dieses fremden Elends schützt, tut dies natürlich nicht aus rassistischen, sondern ausschließlich aus ästhetischen Gründen. Kein gebildeter Reicher – und solche gibt es ja wirklich – hat etwas gegen eine ordentliche, moslemische Putzfrau oder gegen türkische Arbeitskräfte in seinem Unternehmen.

Wirkliche, aufrichtige Rassisten findet man eigentlich nur

63

unter denen, die selbst schon so arm sind, daß sie sich von den Fremden nur noch durch Hautfarbe, Religion oder Nationalität unterscheiden.

Nein, wir Deutschen – ob Ost oder West – sind nicht fremdenfeindlich. Wir sind nur gegen diese verfluchte, ansteckende Armut. Gegen die eigene sogar noch mehr als gegen die fremde.

KEIN WORT ZUM PFINGSTMONTAG

Denn ob wir den in einem Jahr noch feiern werden, ist ungewiß. Genauso ungewiß ist, welchen Politiker wir im nächsten Jahr noch feiern dürfen. Unsere Politiker vollbringen das Kunststück, immer häufiger zurückzutreten, ohne dabei weniger zu werden. Keiner der zur Zeit lebenden Politiker wird uns je so fehlen, wie uns der Pfingstmontag einmal fehlen wird, wenn es ihn mal nicht mehr gibt. Ich jedenfalls hänge mehr am Pfingstmontag als an irgendeinem Politiker. Für jeden Minister gibt es ja einen Ersatzmann. Ich habe sogar das Gefühl, bereits nur noch von Ersatzmännern regiert zu werden. Die Frauen in unserer Bundesregierung sind so unscheinbar – Frau Merkel mag an sich ein Skandal sein, einen produziert hat sie noch nicht. An ihrer mecklenburgischen Herkunft kann es nicht liegen, das Märchen vom Krause und syner Fru ist uns ja allen noch im Gedächtnis.

Zwischen Ostern und Pfingsten liegen genau fünfzig Tage. Wie viele Tage aber liegen zwischen dem ersten entschiedenen Dementi eines Spitzenpolitikers auf irgendeinen Korruptionsvorwurf und seinem zughaften Rücktritt. Noch ist das von Möllemann zu Krause und von Engholm zu Streibl verschieden. Aber die Etappen auf dem Wege vom endgültigen Dementi zum vorläufigen Rücktritt ähneln einander wie eine Halbwahrheit der anderen. Die erste Etappe wird zumeist von dem klaren Wort Verleumdung geprägt. Bei der zweiten ist dann gewöhnlich die Rede von gewissen Unregelmäßigkeiten im Amte – natürlich noch ohne Wissen des Amtsträgers. Da nimmt dann auch schon mal ein subalterner Beamter, den das nicht so schmerzt, seinen prophylaktischen Hut und geht seinem Möllemann voran. Schließlich folgt die Etappe der eingeräumten Erinnerungslücken – ein Minister muß schließlich so viel wissen, da kann er sich gar nicht alles merken. Irgendwann dann, wenn sowieso schon alle alles wissen, erinnert sich auch der Minister an ein paar dumme Kleinigkeiten, die er vorher mit dem Brustton des Überzeugten weit von sich gewiesen hatte. Und dann folgt der moralisch völlig integere Rücktritt, nicht etwa, weil man Schuld auf sich geladen hätte, sondern nur um Schaden von der jeweiligen, aber in jedem Falle auch unschuldigen Partei abzuwenden. In den darauffolgenden Nachrufen wird dann jeder gestandene Politiktäter zum Medienopfer. Denn allein diese Medien jagen unsere armen Politiker so lange, bis sie sich in aller unschuldigen Erschöpfung selbst bezichtigen.

Ohne diesen erbarmungslosen Druck einer Lynchpresse hätten sie doch nie zugeben müssen, was für sie einfach nicht der Rede wert war – eine unbezahlbare Putzfrau, einen überbezahlten Umzug oder die und jene unbezahlte Schiffs-, Flug- und Urlaubsreise.

Geschenktem Gaul guckt der Spitzenpolitiker immer erst ins Maul, wenn der Eisberg schon ganz oben schwimmt. Daß eine Hand die andere wäscht, gehört nun mal zur Polithygiene. Wo Politik gemacht wird, fällt für den Politiker halt was ab. Denn Politiker sind Menschen wie du und ich, auch wenn sie – so man sie erwischt beim Menschsein – dafür eine Abfindung bekommen, von der du und ich nicht mal zu träumen wagen. Aber das ist nur Futterneid. Denn würden dir und mir solche Abfindungen für unsere Unvollkommenheiten gezahlt werden, wir wären noch viel unvollkommener, als wir heute zugeben. Aber Unvollkommenheit macht sich heute und hier eben nur bezahlt, wenn man ein Amt zu verlieren hat. Nur wer wirklich ganz hochgestiegen ist, kann sicher sein, daß er nicht so tief fallen wird, daß er ganz unten ankommt, wo in unserer sozialen Marktwirtschaft der Mißbrauch von Sozialleistungen lauert.

Den zu bekämpfen sind alle regierenden und regiert habenden Politiker entschlossen. Denn diese Republik leidet unter nichts so sehr wie unter der Korruption ihrer gewissenlosen Sozialhilfeempfänger. Nicht nur, daß sie sich nicht schämen, das anzunehmen, was ihnen laut Gesetz zusteht, nein, sie erschwindeln sich auch noch die fettesten Mietbeihilfen und Ehegattenzuschläge, wenn sie schon längst auf öffentlichen Parkbänken nächtigen und aus getrennten Flaschen trinken. Der Fisch beginnt am Kopf zu stinken, ein Volk am Fuß, am Fußvolk sozı gen.

Sozialhilfeempfänger müssen keine Angst haben um ihr Sozialprestige. Ein Obdachloser, der beim Ladendiebstahl erwischt wird, kann sogar in den Genuß eines – wenn auch vorläufigen – festen Wohnsitzes kommen. Politikerleben in ständiger Angst, erwischt zuwerden, wenn sie das tun, was für einen Sozialhilfeempfänger normal ist – auf Kosten der Allgemeinheit zu leben. Welchen Umzug sollte sich denn ein Obdachloser bezahlen lassen? Bei einem Minister ist das klar – jeder Umzug ist ein Opfer. Denn Minister gehören nun einmal nicht zu den Nichtseßhaften.

Wer würde sich bei uns aufregen, wenn sich so ein Stadtstreicher von seinem reichen Gönner zu einer kostenlosen Kreuzfahrt übers Mittelmeer einladen ließe? Bei einem Ministerpräsidenten ist das gleich ein Politikum, obwohl doch geschrieben steht, daß wir alle gleich wären vor dem Gesetz. Solange unsere Politiker nicht die gleiche Behandlung erfahren wie jeder gewöhnliche Arbeits- oder Obdachlose, solange kann doch in unserer Demokratie von Gerechtigkeit keine Rede sein. Der einfache Mann auf der Straße darf

66

sich ins Fäustchen lachen, während so ein komplizierter Politiker seine schwierigen Hände in Unschuld waschen muß. Ist es ein Wunder, daß diese, unsere Politiker, immer politikverdrossener werden, wenn sie nur noch darauf zu achten haben, daß sie keine Spuren hinterlassen? Der Mann auf der Straße bestimmt selbst über sein Schicksal. Das Schicksal eines Politikers liegt in der Hand seiner Wähler. Die können mit ihm machen, was sie wollen. Wer will denn unter solchen Umständen überhaupt noch Politiker werden, wenn er sein Geld genauso unehrlich auch woanders verdienen kann, wo ihm nicht andauernd auf die nehmende Hand gesehen wird. Wer bei uns wirklich Gestaltungswillen hat, der geht doch längst ins Immobiliengeschäft und nicht in die Politik. Ist es ein Wunder, wenn wir nur noch Politiker haben, die entweder unfähig oder zu allem fähig zu sein scheinen?

Eine Partei oder ein Volk kann man anders als ein Auto auch ohne Befähigungsnachweis führen. Wann wird ein Kanzler nach seinem Führerschein gefragt? Oder ein Minister nach seinen Fähigkeiten. Er muß sicher antreten und gegebenenfalls gesichert wieder abtreten können. Erwiesene Unfähigkeit allein aber ist kein Rücktrittsgrund, weil Unfähigkeit längst kein Skandal mehr ist, sondern politischer Alltag. Und vom Alltag will keiner was wissen, solange es zwischen jedem Feiertag einen neuen Skandal gibt.

Oder wollen Sie vielleicht wissen, was ein Wissmann kann? Er ist in etwa das, was ein Realpolitiker heute zu sein hat, wenn er sich halten will: ein Mann ohne Eigenschaften, also für jedes Ressort gleich geeignet – der absolut persönlichkeitsfreie Funktionsträger. Bei Leuten wie Rainer Ortleb – erinnern Sie sich noch? So heißt unser Bildungsminister – ist die einzige Eigenart, daß sie noch einen Eigennamen haben. Aber warum soll ich mir den merken, wenn ich von ihm sonst nichts merke.

Wie gesagt – der Pfingstmontag würde mir mehr fehlen als

alle Ortlebs und Wissmänner zusammen. Auch, daß die beiden in verschiedenen Parteien sind, wissen vermutlich nur sie beide. Daß man in unterschiedlichen Parteien ist, das gehört sich so in einer Demokratie. Daß sich diese Parteien auch noch unterscheiden, scheint nicht mehr dazuzugehören. Ich fürchte nur, daß jeder Witz über den Zustand dieser demokratischen Parteien eine Verharmlosung der Wirklichkeit sein könnte. Weiß ich, was morgen aus der SPD geworden ist, nur weil ich die CDU von heute kenne? Und der SPD gleich zur Selbstauflösung zu raten, das kann heißen, weit hinter ihrem eigenen Programm herzuhinken. Wie soll sich eine Partei noch auflösen, von der außer lautem Erbengezänk nichts mehr zu hören ist? Wenn sie sich dereinst mal zum Zünglein an der Waage profiliert haben wird, also eine immer und mit jedem regierungsfähige Fünf-Prozent-Partei geworden ist, können wir ja nochmal über sie reden. Bis dahin jedenfalls ist mir der Pfingstmontag näher als die SPD.

ZEIT ZUM TOTSCHLAGEN

Wie heißt es doch in der Bergpredigt, Kapitel 5, Vers 3? »Selig sind, die da geistig arm sind.« Marktwirtschaftlich ausgedrückt: »Die dümmsten Bauern haben die größten Kartoffeln.« Und wer in unserer Computergesellschaft rechnen gelernt hat, der weiß doch längst, die heilige Dreifaltigkeit setzt sich für uns zusammen aus Einfalt, Einfalt und nochmals Einfalt. Und diese dreifache Einfalt versöhnt uns mit der Gnade der späten Einsicht: Wer nicht in der dritten Welt geboren wurde, hat einfach Schwein gehabt. Und dieses Schwein bestimmt unser Bewußtsein. Wir dürfen nur nicht über das Pech der anderen nachdenken. Denn wann wird der Mensch unglücklich? Wenn er über sich und die anderen nachzudenken beginnt. Und wann tut er das? Wenn er nichts anderes zu tun hat. Der gewöhnliche Sterb-

68

liche also in der Freizeit, der Beamte in der Dienstzeit. Deshalb muß dem Beamten die Dienstzeit verkürzt werden wie uns anderen die Freizeit.

Als Gott sich seinerzeit am siebenten Tag das gewerkschaftliche Recht auf den freien Sonntag nahm, war er wohl einfach zu erschöpft, um über die Folgen nachzudenken. Sonst hätte er die Gewerkschaften nämlich aus seiner Schöpfung vertrieben, bevor sie auf den dummen Gedanken kamen, auch dem Arbeitnehmer seine Zeit für ebenso dumme Gedanken zu erkämpfen. Die von Gott dazu auserkorenen Arbeitgeber wissen noch, wo Gott wohnt. Denn sie wohnen ähnlich. Wer aber im sozialen Wohnungsbau wohnt, der ahnt doch nicht, daß sein ganzer sozialer Neid nur daher kommt, daß er zuviel Zeit zum Nachdenken hat. Wann erwacht denn der Neid des Bergmannes? Doch nicht untertage, wo er seiner schönen Arbeit nachgeht, sondern übertage, wenn er untätig die schönen Häuser seiner Arbeitgeber sieht.

Nur die viele Freizeit macht den arbeitenden Menschen zur sozialen Gefahr. In ihr entwickelt er nämlich die kriminelle Neigung, über ganz normale Wirtschaftkriminalität nachzudenken. Wann fängt denn der ganz normale Mensch an zu morden? Doch nicht, wenn er alle Hände voll zu tun hat, also in der Arbeitszeit! Mord ist Freizeitbeschäftigung für unsereinen. Ehepaare, die ordentlich, also in unterschiedlichen Schichten arbeiten, bringen einander doch nicht um, so lange sie keinen zu langen gemeinsamen Urlaub verbüßen müssen. Nein, meine Brüder und Schwestern, nur wenn der Mensch zu lange untätig herumsitzt, beginnt er seinen Mitmenschen zu hassen. Das erklärt doch die vielen unglücklichen Beamtenschicksale. Deshalb kann ich den Beamten unter uns nur raten, denkt nicht, sondern dient! Den Glücklichen unter ihnen, denen Gott Uniform und Waffe verlieh, eröffnen sich ja auch endlich Möglichkeiten, sich ihrer Waffen wieder zu bedienen. Was für das

Überleben des einen die Freizeitindustrie ist, ist für den anderen die Waffenindustrie. Beide helfen dem Menschen, mit dem Überangebot an Lebenszeit fertig zu werden. Noch braucht man als Deutscher einen Blauhelm, um sich draußen in der Welt freischießen zu dürfen. Aber da Gott, der sich Ruhe gegeben hat, nun einen Anfang geschaffen hat, wird dem deutschen Menschen die Fortsetzung schon einfallen.

Somalia ist nur ein Pilotprojekt. Der deutsche Tourist hat die dritte Welt nur photographiert. Der deutsche Blauhelm aber wird sie verändern.

DIE AUGEN FEST GESCHLOSSEN

Meine Damen und Herren,
wir dürfen nicht länger zusehen, wie die Völker offenen Auges ins Verderben laufen. Deshalb lautet unser Code für die Welt: Augen zu und durchgeschlafen!

(Schlaf, Kindlein, schlaf)
Schlaft, Völker, schlaft.
Die Bösen sind bestraft.
Posthum ward Stalin abgesetzt.
Die Guten, die regiern uns jetzt.
Schlaft, Völker, schlaft.

Völker hört nicht mehr die falschen Signale. Ihr seid das letzte Geschlecht. Also – fürchtet euch nicht! Denn mit Angst könnt ihr keinen mehr beeindrucken. Nicht einmal die Täter von gestern, die längst zu mächtigen Opfern wurden.

(Leise, Peterle, leise)
Leise, Peterle, leise
es fehln ja die Beweise.

70

Und wenn das Opfer noch so schäumt,
du hast die Spurn fein weggeräumt –
weise, Täterle, weise.

Schlafe, Täterle, schlafe.
Für Macht gibt's keine Strafe.
Man bricht sich in der Politik
als Unmensch doch nicht das Genick.
Schlafe, Täterle, schlafe.

Strafe, Täterle, Strafe
ist was für kleine Schafe.
Wer Völkern ein Gefängnis baut,
ist doch kein Dieb, der Löffel klaut.
Große Täter sind brave.

Mit den großen Verbrechern der jüngeren Vergangenheit
wird immer erst in den späteren Geschichtsbüchern der
Zukunft abgerechnet. Solange sie leben, sind sie immun
gegen jede Art von Gerechtigkeit. Politiker und Juristen
machen die Gesetze schließlich nicht zu ihrem Schaden,
sondern zu ihrem Schutz.

(Suse, liebe Suse)
Suse, liebe Suse, nun gib endlich Ruh.
Bei uns herrscht jetzt Freiheit, drum schließe gut zu.
Die Völker da draußen, die habn keine Schuh –
die solln sich erstmal anziehn wie ich und wie du.

Die aus der ersten Welt werden die letzten sein, die denen
aus der dritten Welt helfen. Sie wären ja sonst nicht mehr
erste Welt. Wer hat, der hat keinen Grund, auch noch Mitleid zu haben. Denn hätte er je Mitleid gehabt, hätte er dann
je gehabt, was er hat? Haben oder Nichtsein – das ist die
mitteleuropäische Frage.

(Sandmann, lieber Sandmann)
Landsmann, lieber Landsmann,
die dritte Welt ist weit.
Wir leben hier im Abendland,
und steht der Rest der Welt in Brand,
dann tut uns das sehr leid.

Landsmann, lieber Landsmann,
mach nur die Augen zu.
Ist's Morgenland erst abgebrannt,
dann haben wir im Abendland
doch endlich unsre Ruh.

Auf allen Gipfeltreffen
herrscht Ruh.
Vom Arme-Hunde-Kläffen
spürst du
da keinen Hauch.
Die Armen schweigen im Walde.
Warte nur, balde
verarmst du auch.

Der weiße Mitteleuropäer aber ist auf Armut nicht eingerichtet. Er braucht seinen täglichen Reichtum wie der Neger seine jährliche Hungersnot. Was bedeutet für uns schon
eine Klimakatastrophe? Unser Klima war schließlich schon
immer eine Katastrophe. Und wer jetzt nochmal in die Weltgeschichte eingreift, der kommt vors Weltgericht. Und da
sitzen die ganzen Realpolitiker, die nur unser Bestes wollten und nun endlich bekommen haben.

(Wer nur den lieben Gott läßt walten)
Wer nur die Politik läßt walten,
der tut nicht Böses. Er läßt tun.
Man kann das Maul geschlossen halten

der Mensch ist gegen sich immun.
Ob er auf Gott, auf Marx vertraut
er hat doch stets auf Sand gebaut.

Ideen können uns nicht retten.
Wir richten sie, sie uns zugrund.
Drum wollen wir in weißen Betten
erwarten unsre letzte Stund.
Kein Gott, kein Führer tut uns not
wir gehn von ganz alleine tot.

Der Mensch muß nur die Vergeblichkeit allen Tuns einge-
sehen haben, dann erkennen die Politiker, daß sie uns nicht
umsonst regiert haben.

DEMOKRATISCHE REALSATIRE

Realsatire, sagt man, sei von keinem Kabarettprogramm
mehr zu übertreffen. Das stimmt, wenn es denn stimmt,
nur insofern, als daß die Trostlosigkeit dessen, was uns von
den Realpolitikern angeboten wird, auch vom schlechtesten
Kabarettprogramm nicht übertroffen werden kann. Schon,
daß ein Kabarett ein eigenes Programm haben muß, unterscheidet es ja von den Parteien. Demokratische Realpolitiker – welcher Partei sie immer angehören mögen – haben offensichtlich allesamt nur noch eine Nummer drauf,
und die heißt Machterhalt.
Da treiben Parteien, die nur noch am Namen zu unterscheiden sind, miteinander Wahlkampf, und wundern sich,
wenn die Wähler sich nicht entscheiden mögen zwischen
diesen sich immer mehr annähernden Dreibuchstaben-
vereinen. Wenn die Wähler dann zu Hause bleiben oder
Parteien wählen, die das aussprechen, was so mancher Demokrat gern täte, wenn ihm damit nur die Mehrheit sicher
wäre, dann rücken sie noch enger zusammen.

Wenn Herr Huber von der CSU behaupten kann, in Bayern hätten die Rechtsradikalen keine Chance gewählt zu werden, so kann das doch wohl nur bedeuten, daß die CSU bereits alle rechtsradikalen Positionen eingenommen hat, auf denen in Schleswig-Holstein und Baden-Württemberg noch DVU oder Republikaner sitzen. Eine demokratische Partei braucht doch nur das ganze rechte Spektrum zu besetzten, um die Demokratie zu retten. Nur ein Republikaner, der zugibt, einer zu sein, ist ein gefährlicher Rechtsradikaler, nicht aber ein Herr Lummer, der noch nie was zugegeben hat. So einfach ist das mit der Demokratie. Richtige Demokraten erkennt man am richtigen Parteibuch.

Man lese einmal nach, zu welch radikalen Zwischenrufen demokratische Volksvertreter fähig sind, wenn im Bundestag undemokratisch gewählte PDS-Abgeordnete zu dem ihnen nicht zustehenden Wort kommen. Daß die Grünen früher am selben Ort nicht besser behandelt wurden, mag die PDS-Abgeordneten trösten. Und länger als eine Wahlperiode müssen sie das Ganze ja auch nicht aushalten. Es sei denn, aus dem Rechtsruck, den sich die Demokraten jetzt geben müssen, folgt in drei Jahren dann bei den Wählern ein Linksruck. Sollte das passieren – es ist ja wenig wahrscheinlich, aber doch nicht ganz unmöglich – was werden sich die demokratischen Abonnementparteien dann geben? Natürlich einen Linksruck, bis sie am Ende einfach alles abdecken, was ein politisches Spektrum so ausmachen kann. Demokraten müssen zu allem fähig sein, damit die Radikalen unterm Wahlteppich bleiben.

Den jetzt noch rechtsradikal wählenden Stimmbürgern haben die großen Parteien bereits vorbeugend verziehen, indem sie ihnen bescheinigten, daß sie keine Rechtsradikalen, sondern nur Protestwähler seien, die mit ihrem kleinen Hakenkreuz auf den Stimmzetteln den Demokraten einen Denkzettel geben wollten. Denkzettel nehmen Politiker gern an, um sie sich hinter den Spiegel zu stecken und

74

zu vergessen. Das ist wie mit den Schlagzeilen in den Zeitungen – sie können heute noch so dickgedruckt sein, morgen sind sie vergessen. Schließlich ist es auch für eine Zeitung nicht wichtig, morgen recht zu behalten. Sie muß heute verkauft werden. Im Gegensatz zur Wahlschlacht tobt die Presseschlacht jeden Morgen am Kiosk. Hätten wir auch unsere Politiker jeden Morgen neu zu wählen, es wäre gar nicht auszudenken.

Sie kommen ja so schon kaum zur Politik vor lauter Wahlkampf. Genauer gesagt: Ihre ganze Politik besteht ja jetzt schon aus Wahlkampf. Unentwegt kämpfen sie um die Gunst der Wähler, statt ihre Arbeit zu tun. Statt zu regieren, reagieren sie auf INFAS. Stimmungsfänger sind sie, wenn sie nicht gerade selbst Stimmung machen. Und wenn sie dann trotz aller Meinungsumfragenhascherei eine Wahl verlieren, dann versuchen sie nicht etwa ihre Politik zu ändern, sondern nur die Verkaufsstrategie. Nicht das Produkt, die Werbeagentur taugt nichts, wenn die Wähler ihrem Politiker nichts mehr abkaufen. Er läßt er sich den Scheitel mehr nach rechts, links oder in die Mitte kämmen, trägt eine neue Brille und wirbt mit verändertem Lächeln für sein altes OMO, PERSIL oder DASH. Zu Wahlzeiten tragen die Waschmittel Parteinamen. Verkaufte man die Waschmittel nicht in unterschiedlicher Verpackung – ich möchte die Hausfrau sehen, die sie voneinander unterscheiden könnte.

Wo sich der Inhalt nicht unterscheidet, entscheidet eben nur noch die Verpackung. Und wie schnell wird aus einer Verpackungsdemokratie die reine Mogelpackung.

BERICHT ZUR LAGE DER NATIONALEN

Es kann der Bravste nicht in Frieden leben, wenn ihm der Nachbar nicht gefällt. Das fängt doch in der Politik an. Der Kanzler sagt sein hartes HÜ, der Bundespräsident sein weiches HOTT, und die Bundestagspräsidentin muß unbedingt noch ihr alternatives PUTTPUTTPUTT in die Debatte werfen. Wir können der Opposition nur dankbar sein, daß sie wenigstens keine eigene Meinung mehr hat.

Das deutsche Herdentier – oder darf man bereits Hordentier sagen – ist völlig verunsichert und weiß nicht mehr, wo rechts und wo schon rechtsaußen ist. Schönhuber wird bereits dem linken Rand der CSU zugerechnet, wurde allerdings auch schon mit einem halbrechten SPD-Sympathisanten verwechselt. Der Rechtsradikalismus hat kaum noch eine Chance, seit die großen Parteien fast alle republikanischen Positionen besetzt haben.

Der Ruf »Deutschland den Deutschen« beschert endlich auch unseren Obdachlosen wenigstens ein symbolisches Dach über dem Kopf. Und der allumfassende Ruf »Ausländer raus« zeigt, wie multikulturell deutsches Gedankengut sein kann. Dieser Ruf kennt keine Parteigrenzen mehr, er kennt nur noch Deutsche.

Die Politiker rufen so etwas nicht. Sie denken höchstens: Wahlvolk befiehl, wir folgen. Folglich tilgen sie die Asylanten auch nur aus dem Grundgesetz. Aus dem Straßenbild muß sie dann das dadurch legalisierte gesunde Volksempfinden tilgen. Die Ausländertilgungsraten werden jedenfalls in Deutschland wieder steigen. Nun muß sich natürlich ein deutscher Innenminister fragen: Was wird, wenn ich meine Schuldigkeit getan habe und der Mohr gehen kann? Noch guckt ja Seiters selbst so, als habe er gerade bei sich um Asyl nachgesucht und natürlich nicht bekommen. Er ist ja auch nicht gerade verfolgt, eher das Gegenteil eines Verfolgten.

Nun fragen Sie vielleicht, warum guckt er dann so ängstlich durch seine starke Brille? Er guckt aber gar nicht ängstlich, sondern suchend. Ja, er sucht jetzt nach der linken Gefahr in seinem Rechtsstaat. Irgendwie sind ihm die Linken entglitten. Die Rechten kann er sehen. Die müssen sich vor ihm auch nicht mehr verstecken. Schließlich richtete sich

76

das Vermummungsverbot gegen die Linken und nicht gegen aufrichtige, ehrliche Nazis.

Aber für uns alle rückt doch nun eine ganz neue Frage immer näher: Wem wenden wir unsere deutsche Aufmerksamkeit zu, wenn die Ausländer raus sind? Die Schwulen, die bleiben immer noch. Aber reichen unsere Homosexuellen beiderlei Geschlechts aus, um ein ganzes Volk dauerhaft zu beschäftigen? Und wozu ein beschäftigungsloses Volk fähig ist, das weiß jeder Kanzler, dem einmal die Eier um die Ohren geflogen sind.

Wer in Deutschland regieren will, muß seinem Volk Beschäftigung verschaffen, sonst beschäftigt es sich mit sich selbst. Aber das deutsche Volk hat eigentlich noch nie was mit sich anzufangen gewußt. Ein Deutscher ohne Feindberührung, das ist ein Fisch ohne Wasser. Wenn kein Ausländer mehr bereit ist, uns die Luft zum Atmen zu nehmen, dann muß das irgendwann der eigene Nachbar übernehmen. Sie können Ihren Nachbarn ja schon mal vorsichtig einatmen. Na, stinkt er Ihnen schon? Dann versuchen Sie doch wenigstens schon mal ganz leise zu denken: »Nachbar verrecke!« Nun stellen Sie sich nicht so an. Früher haben Sie ja auch kaum zu denken gewagt, was Sie heute laut sagen. Na also. Mein Kampf ist verboten, aber unser Kampf geht weiter.

WAS HAT DER DEUTSCHE OSTERHASE NOCH ZU VERBERGEN?

Die Frage klingt polemisch, ist aber wirklich nur rhetorisch gemeint. Denn der reinrassige deutsche Osterhase hat natürlich gar nichts mehr zu verbergen. Dieser deutsche Osterhase ist von Natur aus umweltschonend, heimatverbunden und gewaltfrei. In kalten Winternächten bildet er Lichterketten, damit zu Ostern das Deutschlandbild im Ausland wieder sauber ist. Anders als die autonomen Randhasengruppen wirft er, der deutsche Osterhase, seine Eier den Politikern nicht um die Ohren, sondern legt sie nach guter alter Hausfrauenart dem deutschen Volk ins sauber gemachte Nest.

Mit Nestbeschmutzern der verschiedenen Couleur hat der Osterhase nichts im Sinn. Wer unser deutsches Nest nicht ehrt, der ist das Osterei nicht wert. Das deutsche Osterei ist nicht multikulturell, sondern ein pluralistisch eingefärbtes Einheitsei. Seine harte Schale verbirgt den weichen Kern nur, solange das Ei nicht angeschlagen ist. Um den von Scheinasylanten eingeschleppten, zutiefst undeutschen Salmonellen den Weg in unseren deutschen Magen zu versperren, wird das deutsche Osterei endlich wieder hartgekocht. Wir lassen uns unsere Eier nicht länger schlechtmachen.

Aus Anlaß des diesjährigen Osterfestes hat die Bundesregierung beschlossen, den besonders gut verdienenden Politikern unseres Landes den Ehrennamen Hase zu verleihen, denn sie wissen von nichts mehr. Ich weiß nichts mehr, also bin ich Politiker.

Zum Hasen ehrenhalber, also Hase h.c., wurde Bundeswirtschaftsminister Rexrodt ernannt, der von keiner Stahlkrise weiß. Sein Pressesprecher konnte noch nicht sagen, ob Rexrodt überhaupt schon weiß, daß er Bundeswirtschaftsminister geworden ist. Unser Bundesverkehrshase Krause hingegen weiß nur eines ganz sicher, nämlich daß er Minister ist und bleibt. Aber sonst weiß er von gar nichts. Die Haushälterin ist ihm von stalinistischen Neidern aus den Kreisen der Staatssicherheit ins mecklenburgische Nest gelegt worden. Seit wann bezahlt ein Bundesminister auch noch aus eigener Tasche, wenn in seinem Haus saubergemacht wird. Krause jedenfalls hätte nie eine Haushälterin vom Arbeitsamt bezahlen lassen, wenn er gewußt hätte, daß das rauskommen könnte. Nichtwissen ist Machterhalt.

Bundesinnenminister Seiters Name ist ebenfalls Hase,

78

denn er weiß nicht mehr, wo Schönhuber wohnt. Sonst hätte er sich schließlich nicht so dicht bei ihm angesiedelt. Was früher Welten trennte, das trennt jetzt das gute Deutschland vom bösen Rest der Welt. Die Solidarität der Demokraten steht wieder wie eine Mauer um Deutschland.

Bundesfinanzminister Hase-Waigel weiß nicht mehr, wo er noch sparen soll, seit immer mehr Sozialhilfeempfänger den Sozialstaat mißbrauchen, indem sie mit ihrem Kapital ins Ausland flüchten. Die deutsche Sozialhilfe begeht Kapitalflucht, während das deutsche Kapital nicht mehr weiß, wohin mit seinem sozialen Anliegen. Das soziale Netz in Deutschland ist gerissen, weil sich immer mehr Sozialhilfeempfänger ihre Finger daran schmutzig machen. Sie reißen selbst Löcher, durch die sie dann fallen gelassen werden können.

Unsere Polithasen Krause und Waigel haben deshalb einen Solidarpakt geschlossen, seit sie herausgefunden haben, wo das Geld liegt, das dem Staat fehlt – auf der Straße. Die dort lagernden Obdachlosen sollen nun endlich zur Kasse gebeten werden. Mit der geplanten Straßenbenutzungsgebühr für Obdachlose soll nicht nur ein Stück Elend der Bundesbahn gelindert werden. Weg mit den Obdachlosen von der Straße auf die Schiene. Die bereits im Entwurf vorliegende Obdachlosen-Vignette ist an der Stirn zu tragen. Dann werden wir ja sehen, wer noch die Stirn haben wird, auf unsern deutschen Straßen zu lungern.

Bundesaußenminister Hase-Kinkel weiß nicht mehr, wo er seinem Kanzler lieber begegnen möchte – am Kabinettstisch oder vor dem Bundesverfassungsgericht. Um das herauszubekommen, will er vorläufig noch unbewaffnete Aufklärungsflüge mit den AWACS-Maschinen über Bonn und Karlsruhe machen. Militärische Tiefflüge sind in Deutschland umstritten, den politischen Tiefflug läßt sich kein Bonner Politiker verbieten.

Bundesverteidigungsminister Hase-Rühe weiß nicht mehr,

79

wovor er Deutschland noch verteidigen soll. Gerüchte, daß er die Bundesrepublik vor ihren jetzigen Politikern zu schützen beabsichtige, wies er zurück. Er sei nur für den äußeren Feind zuständig. Vor Leuten wie ihm selbst ist Deutschland einfach nicht zu schützen. Da die große Masse der bundesdeutschen Politiker anderswo nicht oder nur schwer zu vermitteln ist, müssen sie in der Politik bleiben. Solange noch ein Wähler zur Wahlurne geht, sind sie ja auch demokratisch legitimiert. Auch eine einzige Stimme kann notfalls die absolute Mehrheit sein.

Bundessozialminister Hase-Blüm weiß nur noch, daß seine Rente sicher ist. Als einfacher Minister kann er sich schließlich nicht um alle kümmern. Das Wort vom Pflegenotstand kann er einfach nicht mehr hören. Schließlich hat er doch mit seiner Pflege-Versicherung den Weg aus dem Labyrinth gewiesen. Im übrigen sei nun mal Pflegen seliger denn Pflegen lassen. Das Volk muß nun endlich wieder zum Glauben zurückfinden. Denn allein der Glaube kann in Deutschland noch die Politik ersetzen. Das weiß sogar Kanzler Hase-Kohl, und der weiß sonst nachweislich gar nichts. Schließlich kann ihm keiner seiner Minister mehr sagen, welche Affäre herauskommen wird und welche nicht. In seiner ganzen Ministerrunde hat er nur noch Politiker, die schon erwischt wurden, und solche, die noch nicht erwischt wurden. Also Hasen sind sie alle, aber deshalb fressen sie noch lange keinen Kohl.

Den fressen ja nicht mal die Hasen von der Opposition. Oppositionshasenführer Engholm hat selbst genug zu vergessen. Und Hase-Klose verkündet immer wieder vor dem Bundestag, daß mit ihm seine eigene Politik nicht zu machen ist. Asylkompromiß ja, aber nicht mit der SPD. Kloses Name ist wirklich Hase, denn er weiß selbst nicht mehr, ob seine SPD noch die ist, in die er mal eingetreten ist. Dabei macht er endlich ernst mit dem von Brandt und Bahr verkündeten Wandel durch Annäherung. Daß Brandt da-

80

mit nicht die Annäherung an die CDU gemeint hat, kann Klose ja nicht mehr wissen. Die SPD ist auch nicht nur die älteste Partei Deutschlands, sie ist endlich auch die vergeßlichste. Durch Vergessen zur Macht ist ihr Grundsatz, nachdem sie alle anderen Grundsätze vergessen hat.

Selbst der Kanzler weiß ja inzwischen, daß er diese Opposition getrost vergessen kann. Was er vergessen muß, ist nur das eigene Kabinett. Könnte er nicht jeden Tag wieder vergessen, mit was für einer Regierung er sich umgeben hat, er müßte ja einfach verzweifeln. Aber dieser Kanzler verzweifelt nicht, dieser Kanzler sitzt sich durch. Mit seinem unnachahmlichen Hasencharme, der von gar nichts weiß, was ihn irritieren könnte, führte er ja bereits das ganze deutsche Volk in die Einheit des Vergessens.

Keiner von uns allen weiß heute noch, was er 1989 gerufen oder 1990 versprochen hat. Wir sind ein Hasenvolk und wissen folglich von nichts Bösem. Schließlich ist ja das Gute an uns, daß wir uns nichts Schlechtes merken. Es gibt ja auch nichts, was man sich merken müßte. Denn bei der ganzen Politik der Vereinigung liegt doch klar zutage, was bisher herausgekommen ist – nichts. Früher hieß das Nichts Aufschwung Ost, jetzt heißt es Solidarpakt. Ja, man kann inzwischen sicher sein, deutsche Politik ist, wo nichts herauskommt. Insofern war und ist deutsche Politik eine feste Größe und bleibt berechenbar.

Die Zeit der Überraschungseier ist endgültig vorbei in der deutschen Politik. Kinderüberraschungsministerinnen wie Frau Rönsch und Frau Merkel überraschen mit ihrer Schlichtheit keinen mehr. Sie passen in das gewohnte Bonner Schlichtbild. Sollte man sie einmal nach Berlin verlegen, so werden sie sich auch hier ein Nest bauen, das von ihrem Bonner Nest nicht zu unterscheiden sein wird. Bonn ist nicht Berlin und umgekehrt, aber die Berliner Bundesregierung wird sich von der Bonner Regierung in nichts unterscheiden. Ihr Name war, ist und wird Hase sein, denn

Politiker wissen zwar immer, was sie tun, aber nie, was sie getan haben. Inzwischen überlegt der Osterhase schon, ob er sich nicht umbenennen sollte – mein Name ist Krause, ich weiß von gar nichts.

BLEIBERECHT FÜR ALLE

Früher, als die DDR noch DDR hieß und in ihr noch nicht so schön bunt für demokratische Waschmittel, phosphatfreie Parteien und umweltfreundliche Autos geworben werden konnte, stand auf den zahlreichen ortsüblichen Mauern und Transparenten immer mal geschrieben: »Heraus zum Ersten Mai« oder »Heraus zum Siebenten Oktober«. Man wußte zwar nie so recht, wer da gemeint war – vermutlich alle, weshalb sich aber längst nicht alle angesprochen fühlten –, aber man wußte doch den Tag des Outens, auch wenn das ganze schöne Outing für uns noch ein Fremdwort war. Spaßvögel, die es vereinzelt auch in der DDR-Tristesse gab, malten dann auch mal auf Friedhofsmauern oder an Gefängnistüren das an sich nicht verbotene »Heraus zum Ersten Mai«.

Als freie Spaßvögel einer nicht nur freien, sondern auch durch und durch fröhlichen Welt malen sie heute weniger. Dafür sprühen sie um so mehr, manchmal sogar mit Witz, meist allerdings nur mit Farbe. Denn wer denkt schon noch, bevor er zu sprühen beginnt? Nein, die Reihenfolge ist jetzt anders: Erst sprühen und dann nochmal sprühen. Zum Nachdenken hat man ja Zeit im Vorruhestand. Der Geist der Zeit sprüht meist ganz ohne zu denken.

Da kann man dann gesprühte Sprüche lesen wie »Ausländer raus« oder »Nazis raus« und, wenn's politisch hoch kommt, dann wird sogar »Linke bzw. Rechte raus« in die Sprühdebatte geworfen. Diese Aufforderungen enthalten keinerlei Terminangabe. Und die so bunt Angesprochenen erhalten natürlich auch keinerlei Hinweis, wohin sie denn

82

raus sollten. Dem ungeliebten Schiedsrichter auf dem Fuß-
ballplatz wurde früher wenigstens noch mitgeteilt, wohin
er sich begeben sollte, wenn man ihn vom Platz haben wollte, ans Telefon nämlich.

Als Deutscher, der auch Stammtischgesprächen zu folgen
versteht, ahne ich zumindest, wohin die Ausländer raus sollen. Das sagt das Wort ja schon: ins Ausland. Da ich jetzt
selbst in dieses Ausland darf, weiß ich auch, was diese Ausländer da erwartet: die gleichen klaren Sprüche in nahezu
allen europäischen Sprachen. Seinen Ausländern gegenüber hat Europa schon längst zu einer gemeinsamen Sprache gefunden. Für die als solche gemeinten Ausländer ist
das gesamte westeuropäische Ausland ein Sammelbecken
der Raussager. Das Wohin wird nicht ausgesprochen, ist
aber klar. Dahin nämlich, wo sie völlig unbelästigt von
europäischer Gefühlsduselei, also endlich angstfrei verhungern können. Diese Wirtschaftsflüchtlinge sollen doch
verhungern, wo sie herkommen, also geboren wurden. Der
Anblick ihres Elends paßt höchstens noch als Fernsehbild
in unser besseres Weltbild. So weit, so schlecht.

Wohin aber nun mit den zwar hier geborenen, aber auch
nicht gerade gelittenen Rechten, Linken, Schwulen, Lesben,
Kommunisten, Machos, Ossis, Wessis, und was sich sonst
noch so an menschlicher Entartung unter uns normale Mit-
telhochdeutsche gemischt hat? Wohin mit all diesen häßlichen Randgruppen, die bei uns die schöne Mitte verderben?
Diese Mitte hat selbstverständlich und überall, wo sie in der
Mitte ist, ein Heimatrecht. Oder haben Sie schon mal irgendwo gelesen: »Mitte raus!« Gegen die Mitte sprüht keiner, vermutlich weil die Mitte selbst ja auch nicht sprüht.
Nein, die da sprühen, das sind fast immer selbst die ungeliebten Randgruppen und zwar immer eine gegen eine be-
stimmte andere. Manche Einzelsprüher scheinen überhaupt nur zu manchen Randgruppen zu gehören, weil sie
tief in sich null Bock haben, aber äußerlich einen unbe-

83

zähmbaren Sprühdruck verspüren. Und ehe sie nun versuchen, einen mühsamen, unfertigen, aber eigenen Gedanken zu denken, sprühen sie lieber einen fertigen Spruch, den sie woanders schon gelesen haben. Ganz konsequente Denkleistungsverweigerer sprühen dann einfach nur das eine, alles entscheidende Wort RAUS. Und haben damit alles gesagt, was sie zu sagen hatten.

Und nichts anderes stört mich an diesen Sprühleistungen, die ja dem uns umgebenden Beton am allerwenigsten schaden. Immer soll hier irgendwer raus, und zwar immer ein anderer. »Raus mit mir« hat meines Wissens noch keiner gesprüht.

»Gemeinsam sind wir unausstehlich.« Das wird seit der Wiedervereinigung oft an die Wand gemalt, als wären wir nicht schon vorher und einzeln ziemlich unausstehlich gewesen. Daß zwei Deutsche dümmer wären als einer, klingt zwar schön, ist aber die reine Schönfärberei. Jeder von uns bringt seine eigene Dummheit mit und bedarf der hinzukommenden überhaupt nicht. Dumm plus dumm ergibt auch nicht mehr als dumm, so wie aus null plus null nicht eins wird. Es war auch keinesfalls ein Mangel an Dummheit, der uns früher in der DDR zu schaffen machte. Unsere Dummheit hatte immer Weltniveau. Da muß uns keiner übertreffen wollen. Schließlich war nicht alles schlecht bei uns. Die Westdummheit ist nur anders, aber nicht größer oder kleiner. Also, um so dumm zu sein, wie wir es heute gemeinsam sind, hätte man uns nicht erst zusammenbringen müssen. Es ist doch gar nicht so neu für uns aus der DDR, daß wir jetzt jeden Unsinn denken dürfen. Neu ist lediglich, daß man jetzt jede Dummheit veröffentlichen darf. Und da übertrifft das Gedruckte das Gesprühte noch bei weitem.

Aber sowas wie »Polen raus«, das haben wir schon mutig, manchmal sogar laut gesagt, als das bei uns offiziell noch verboten war. Wir hätten ja auch viel früher »Türken raus«

84

gesagt, aber früher hatten wir ja nicht mal Türken. Nein, meine lieben Brüder und Schwestern, mit Eurer Dummheit braucht Ihr bei uns nicht anzugeben. Da stehen wir Euch in nichts nach.

Und da wir nun mal alle nur die eine Dummheit haben, die uns wirklich verbindet, plädiere ich für ein Bleiberecht für alle. Was kriegt denn das Ausland für ein Bild von uns Deutschen, wenn da plötzlich alle deutschen Neonazis auftauchen, nur damit Deutschland nazirein wird? Wir müssen schon eine Sprache miteinander finden, die mehr Wörter kennt als RAUS.

RAUS kann zwar jeder sagen. Aber wer von uns kann schon wirklich raus aus seiner deutschen Haut?

DIE BETROFFENHEIT DER DEMOKRATEN

Immer, wenn in Deutschland wieder ein Ausländerheim überfallen oder angezündet wird, reagieren unsere demokratischen Politiker. Und zwar ausschließlich mit Betroffenheit. Der Grad ihrer Betroffenheit richtet sich gewöhnlich nach dem Grad des entstandenen Schadens. Bei reinem Sachschaden hält sich die Betroffenheit in den verbalen Grenzen des einfachen Bedauerns. Dann wird das alltägliche Wahlkampflächeln für einen Moment unterbrochen von einem betroffenen Zwischenblick in die bereitgestellten Kameras. Ist es zu Personenschaden gekommen, werden die Augenblicke der Berufsbetroffenheit unserer Politiker schon mal länger und auch tiefer. Ja, auf Menschenopfer wird hier und da eben noch mit tiefer Betroffenheit, manchmal sogar mit ausgesprochener Abscheu reagiert.

Aber Betroffenheit vergeht. Handlunsgbedarf besteht. Das Ausländerproblem als Wahlkampfthema kann man schließlich nicht den Rechtsradikalen überlassen. Auch die Demokraten sind gefordert, in der praktischen Politik ihre theoretische Betroffenheit zu vergessen. Der Bundespräsident mag vielleicht wieder einmal die Zeit aufbringen, um sich direkt vor Ort von so einem an sich ja unschuldig wirkenden Asylantenkind Pfötchen geben zu lassen. Daran können dann wenigstens die Fernsehzuschauer draußen in der Welt erkennen, daß nicht alle Deutschen so sind, wie sie sich vor Ausländerheimen aufzuführen pflegen. Der Bundespräsident wird schließlich nicht vom Volk direkt gewählt, kann also das sich selbst gesund nennende Volksempfinden mal außen vor lassen und praktische Betroffenheit üben.

Aktive Politiker müssen rechtzeitig zur Tagesordnung zurückkehren, und das bedeutet eben, sie müssen ihre Betroffenheit so rasch wieder abgelegt haben, daß nicht noch mehr Wähler zu den Rechstradikalen abwandern. Als vom Volk direkt zu wählende Volksvertreter müssen sie eben auch den Teil des Volkes zu vertreten bereit sein, der das erwähnte gesunde Volksempfinden vertritt. Man muß seine Wähler ja nicht lieben, darf aber keineswegs zulassen, daß sie einem untreu werden. Da sich Politiker ihre Wähler nicht aussuchen können, müssen sich eben auch Demokraten, wenn ihre Wähler nach rechts abzuwandern drohen, mal nach rechts bewegen. Schließlich wollen wir alle den Rechtsstaat. Und rechts ist eben da, wo man den Linken die Daumenschraube anlegt, bis auch sie einsehen, ohne Verfassungsänderung ist das Rechtsradikalenproblem nicht zu lösen. Denn das Rechtsradikalenproblem kann man ja nur lösen, wenn man das Asylantenproblem gelöst hat. Anders gesagt, die Republikaner werden wir erst los, wenn wir die Asylanten los sind.

Gewiß, so einfach sagt das keiner. Ich weiß nicht einmal, ob das einer so einfach denkt. Aber so kompliziert, wie man manchmal noch denkt, wird Politik nicht gemacht. Politik ist das Einfache, daß sich die Politiker so schwer machen wollen.

Eine Partei, die mehrheitsfähig bleiben will, muß einfach

86

immer nur da stehen, wo die Mehrheit steht. Und die ganze Krise unserer großen Parteien scheint mir nur darin zu bestehen, daß ihnen im Moment niemand sagen kann, wo die erforderliche Mehrheit steht. Denn sonst stünden sie ja längst genau da und könnten endlich wieder Farbe bekennen, die Farbe der Mehrheit nämlich. Also nicht CDU oder SPD sind schuld an der Politikverdrossenheit des Volkes, sondern INFAS. Weil INFAS nicht mehr herauskriegt, was die Mehrheit von uns wirklich will, kriegen unsere Volksparteien von uns keine Mehrheiten mehr. Die Krise der Meinungsforschung hat dazu geführt, daß das Volk seinen Parteien immer fremder wird.

Das kann nur anders werden, wenn das Volk endlich wieder den Mut auflbringt, in seiner geschlossenen Mehrheit vor die Politiker zu treten, um ihnen zu sagen, wo es langgehen soll. So, wie das Ostvolk einst geschlossen vor seinen späteren Kanzler getreten ist, um ihm zuzurufen: »Wir sind einVolk!« Da wußte er doch wenigstens, wohin er uns führen sollte – in die Einheit. Woher soll er jetzt aber wissen, wie es weitergehen soll, wenn wir plötzlich die Sprache verloren haben vor seinen Führungsqualitäten?

Nein, nein, das sind wir unseren Politikern schon schuldig, daß wir ihnen sagen, wie sie mit uns da wieder herauskommen, wo sie uns nach unserem Willen hineingeführt haben. Wenn das Volk nicht endlich wieder klar Farbe bekennt, wird aus dem, was man heute noch harmlos Politikverdrossenheit des Volkes nennt, das werden, was es wirklich ist: eine tiefe Volksverdrossenheit unserer Politiker. Und Politiker, die mit ihrem Volk nicht mehr zufrieden sind, ihm das aber direkt nicht zeigen können, lassen dann eben ihren Frust auch mal an den Ausländern aus. Und wenn es erst zu Ausschreitungen unserer Politiker kommt, was bleibt dem Volk dann anderes, als auch mal Betroffenheit zu üben?

Das einzige, was auf der Ostberliner Friedrichstraße wohl bereits westlichen Standard erreicht haben dürfte, das sind die Grundstückspreise. Ein Sex-Shop macht noch keinen Rechtsstaat, aber die ausgebrochene Bodenspekulation kündigt ihn immerhin an – den Rechtsstaat mit seiner freien Marktwirtschaft.

Amüsant ist es nicht, was sich heute noch auf der ehemaligen Amüsierstraße des alten Berlin so tut. Und wenn man abends dort entlanggeht, könnte man meinen, es täte sich gar nichts. Hier ist längst nicht mehr DDR und lange noch nicht Bundesrepublik. Hier ist Ostberlin, wie es nicht bleibt und kaum noch lebt. Noch wohnen hier Menschen in nicht mehr ganz billigen Wohnungen auf Grundstücken, die schon unbezahlbar sind für normale Ost- und Weststerbliche. Wer die Stuttgarter Königsstraße kennt, um nur ein schlechtes Beispiel zu nennen, weiß, was ich für die Berliner Friedrichstraße fürchte – daß sie einmal nach Ladenschluß so tot sein wird, wie sie es jetzt schon ist, obwohl die vielen, vielen Waren- und Bankhäuser noch gar nicht stehen, wo sie einmal stehen sollen.

Wenn erst hinter den wenigen erhaltenen alten Fassaden nur noch das bleiben wird, was jetzt schon durch sie hindurchgeht – der Wind der Marktwirtschaft –, dann mag hier vielleicht einmal viel Geld zu Hause sein, Menschen werden es nicht mehr sein. Geld oder Leben, vor dieser Frage hat das Leben in vielen westdeutschen Innenstädten bereits kapituliert.

Ich weiß nicht, wie viele Theater, Theaterchen, Varietés und Kabaretts hier einmal zu Hause waren. Heut gibt es da noch das eine Metropoltheater, den einen Friedrichstadtpalast und das eine Kabarett »Distel«. Was es morgen davon noch geben wird, das weiß nicht einmal der Kultursenator, auch wenn er allen dreien immer wieder die Daumen drückt. Viel mehr Druck kann ein Kultusminister wohl kaum ausüben. Man mag darüber streiten, ob Berlin noch andere Unterhaltungsbühnen braucht, wenn erst der Bundestag hier in die Bütt steigt. Aber noch ist er ja nicht da. Und der Unterhaltungswert der letzten Bundestagsdebatten scheint mir noch weit unter dem der »Lustigen Witwe« zu liegen.

Und was die täglich via Bildschirm übertragene Realsatire betrifft, so vermag sie meiner Meinung nach richtiges Kabarett zwar zu übertreffen, nicht aber zu ersetzen. So manches Ensemble aus dem Bonner Regierungsviertel hat uns vom Kabarett zwar unlängst überholt, allerdings ohne einzuholen. Unfreiwillige Komik ist noch längst keine Kunst, und Norbert Blüm kein Dieter Hildebrandt, wie Angela Merkel keine Gisela Oechelhaeuser ist.

Also baut Euch Euer Regierungsviertel so hoch und teuer, daß der kleine Kulturgroschen hintern Komma kaum noch zu sehen ist. Aber laßt die Friedrichstraße im Dorf Berlin.

ÜBER DIE HALTBARKEIT VON SATIRE

Ganz früher, noch ehe ich selbst zu schreiben begann, hatte ich immer gedacht, Satiren wären rasch verderblich, würden immer auch mit ihrem Anlaß verschwinden. Von wie vielen Anlässen wissen wir nur noch, weil sie Anlaß für Satiren waren?

Als ich selbst begann, Kabarett-Texte zu schreiben – in tiefen DDR-Zeiten –, wunderte ich mich manchmal. Was ich gestern geschrieben hatte, war nicht nur heute oder morgen noch aktuell, manches davon blieb über Jahre, schließlich sogar Jahrzehnte aktuell. In der DDR hatte man als Kabarett-Autor ein ganz besonderes Privileg: Man konnte zum Klassiker werden.

Dann brach die DDR zusammen, und all unsere scharfen, scheinbar ewig-gültigen Satiren waren zu Altpapier geworden. Da, wo sich nie etwas zu ändern schien, änderte sich

89

plötzlich alles von einem Tag auf den anderen, manchmal von einer Stunde auf die andere. Wenn ich morgens an der Schreibmaschine saß, konnte ich nicht sicher sein, daß mein Geschriebenes abends noch gültig sein würde. Ich schrieb verzweifelt hinter Ereignissen her, die sich überstürzten.

Dann beruhigte sich alles wieder. Eine neue Ordnung hielt Einzug, die der alten längst nicht so unähnlich war, wie sie von sich bis heute behauptet. Wir lernten ganz schnell wieder, was wir eben noch »nie wieder« tun wollten. Wir lernten, uns anzupassen, und zwar viel schneller und gründlicher als je zuvor.

Bei manchen meiner satirischen Texte bin ich mir inzwischen schon gar nicht mehr sicher, ob sie vor oder nach der Wende entstanden. Es gibt eigentlich nur ein sicheres Indiz für Vor- oder Nachwendetexte. Tauchen Politikernamen auf, sind sie garantiert nach der Wende geschrieben. Zu DDR-Zeiten durften wir unsere Politiker nicht beim heiligen Namen nennen, heute tragen wir mit unseren Politikerwitzen viel zu ihrer Popularität bei. Manchem von ihnen verhelfen wir sogar noch zu Nachruhm. Können Sie sich beispielsweise noch an Frau Bergmann-Pohl erinnern oder an jenen Rudolf Scharping, der anfangs so verlacht und dann so bedauert wurde? In diesem Büchlein hier tauchen beide und andere, die längst abgetaucht sind, wieder auf.

Natürlich hätte ich die Namen der Politiker leicht ändern, sozusagen auf den aktuellen Stand bringen können. Aber dann würde man wohl kaum merken, wie alt unsere Probleme sind, die wir mit wechselnder Politbesatzung vor uns herschieben. Unsere so unverwechselbaren Parteiführer sind austauschbar. Das kann man schon daran ermessen, wie schlecht man sich an sie erinnert, wenn sie weg sind vom Schaufenster.

Die Frage, ob es ein Kabarett-Leben nach Helmut Kohl ge-

90

ben wird, stellen wir scherzhaft auf dieser oder jener Kabarettbühne. Aber wir sagen das nur so. Schließlich wissen wir doch: Nicht wir leben von ihm, sondern er von uns. Gäbe es die Kohlwitze nicht, was würde einmal von ihm bleiben?

In den Jahren seit der Wende ereignete sich viel im Osten Deutschlands. Ein historisches Ereignis jagte das andere. Anfangs schrien wir alle begeistert »Wahnsinn!« Heute murmeln wir dasselbe Wort höchstens noch erschrocken vor uns hin. Seit ich, ohne meine Provinz verlassen zu haben, so viel Weltgeschichte erlebt habe, weiß ich es einmal mehr. Tucholsky hatte recht, als er behauptete: »So wie sich Klein-Moritz die Weltgeschichte vorstellt, genauso ist sie.«

Damals in der engen, finsteren DDR-Provinz hatten wir zwar viel weniger Luxus, aber wir hatten auch viel mehr Illusionen. Zum Beispiel die, daß solche Texte, wie die hier vereinigten, bald Schnee von gestern sein könnten. Diese Illusion habe ich schon lange nicht mehr.

EIN REVOLUTIONSMÄRCHEN

Liebe Kinder und Kindeskinder! Liebe Enkel und Urenkel! Es war einmal eine deutsche Revolution. Eine Teilrevolution. Denn sie fand nur in jenem Teil des Landes statt, in dem das Unrecht geherrscht hatte. Im anderen Teil brach eine ungeteilte Begeisterung aus, die zuerst der fremden Revolution, dann dem eigenen Rechthaben galt.

Während die Revolutionäre noch ein wenig trunken den Sieg über das eigene Unrecht feierten, hielt das fremde Recht ganz nüchtern bei ihnen Einzug. Sie mußten es nicht einmal rufen, weil es nicht ein so scheues Reh war wie etwa das Kapital. Und siehe, die tapferen Revolutionäre fürchteten sich sehr vor dem neuen Recht. Aber sie konnten es nicht aufhalten, denn sie waren müde vom Kämpfen und Staunen über ihren Sieg.

Die Zaungäste aber hatte das Spektakel erst so richtig munter gemacht. Wie gesagt, es war eine deutsche Revolution, und bei deutschen Revolutionen siegen am Ende immer die Zuschauer. Revolutionäre machen nur Dreck. Politiker aber räumen ihn weg und ab. Und wenn sie nicht von selbst gestorben sind, dann wählen wir sie noch heute.

> Wir sind nur einmal wir selbst gewesen.
> Novembertage sind so kurz.
> Schon im Dezember warn wir genesen,
> und heute ist uns alles schnurz.
>
> Wir sind nur einmal so doof gewesen.
> Wir leben heute oder nie.
> Denn für die D-Mark
> sind Träume eh Quark.
> Und Hoffnung ist nur Utopie.
>
> Wir sind integer,
> wir weißen Neger –
> wir Eingebornen dieser Kolonie!

ICH HAB DIE GROSSEN ZEITEN SATT

Haben Sie heute schon Zeitung gelesen?
Der Tag ist mal wieder historisch gewesen.
Sie haben in Deutschland auf Deutschland getrunken,
und als sie betrunken warn, Kohl zugewunken,
was dieser historisch bedeutsam fand
in diesem, nun seinem, historischen Land.
Man spielt jetzt Geschichte in Deutschland vom Blatt.
Ich hab diese großen Zeiten so satt!

Satt habe ich es, die Zeitung zu fressen.
Ich möchte Frau Süßmuthens Lächeln vergessen.

Mir hängt sie zum Hals raus, die großdeutsche Brühe
mit all ihren Fettaugen Kohl, Lambsdorff, Rühe.
Die Einheit hat Kohl zwar im Bett überrascht,
doch hat er sie sofort persönlich vernascht,
wovon jetzt ganz Deutschland die Schwangerschaft hat.
Ich hab diese großen Zeiten so satt!

Liebe zu Deutschland – mein Gott, wie erotisch!
Wer gar nicht mehr kann, der liebt jetzt patriotisch.
Die deutsche Vereinigung auf einen Nenner,
das ist wohl ein Liebesakt für alte Männer.
Da zeigen sie Mutti bei Medienpräsenz
nochmal ihre nationale Potenz.
So liebt man das Vaterland schließlich anstatt ...
Ich hab diese großen Zeiten so satt!

FESTANSPRACHE ZUM 3. OKTOBER 1990

Meine lieben Eingeborenen!
Ich freue mich, als einer der Ihren auf dem Boden dieser
ersten bundesdeutschen Besatzungszone zu Ihnen sprechen zu dürfen. Die Rassentrennung auf deutschem Boden
gehört seit letzter Nacht der endgültig abgelegten Vergangenheit an. Die gemeine deutsche Mischehe ist Wirklichkeit geworden. In Zukunft kann jeder jeden und wohin er
will.
Die dritte Welt beginnt nun jenseits der Oder-Neiße-Gren-
ze. Sie wird endgültig zur Friedensgrenze, denn wir
schließen sie erstmal für den visafreien Verkehr. Das ist
Freiheit in den sicheren Grenzen der Phantasie von Realpolitikern. Denn solche regieren uns ja nun endlich. Endlich haben auch wir den einen Kanzler – stellen Sie sich vor,
wir hätten zwei davon! –, eine Polizei und einen Verfassungsschutz. Das alles haben wir nicht verdient, nehmen
es aber um so dankbarer hin. Wahrlich, wir machen keinen

schlechten Tausch. Wie gern geben wir Frau Bergmann-Pohl her, wenn wir nur Frau Süßmuth dafür bekommen. Auch sie ist eine nette Plaudertasche im Seidenblusenformat, aber eben viel geübter.

Gewiß, die Volkskammer wird uns fehlen. Ob der Bundestag dem Unterhaltungsbedürfnis der Massen genügen wird, hängt entscheidend von den Abgesandten der östlichen Stämme ab. Sind es wirklich unsere Komischsten, die wir ins Bonner Wasserwerk geschickt haben? Wieso bleibt Diestel in Brandenburg? Wir hätten ihn gern abgegeben. Und wieso ist seine Akte verschwunden, er selbst aber nicht von der Bildfläche zu kriegen? Nun ja, es werden eben nicht alle Träume wahr in diesem einigen Festdeutschland. Wenn wir dereinst ausgenüchtert sein werden vom nationalen Rausch, erinnern wir uns vielleicht nochmal an den November 1989 und versuchen es dann mal mit einer gesamtdeutschen Revolution. Wir werden staunen, wie viele von denen, die wir gestürzt zu haben glaubten, nochmal gestürzt werden müssen. Und wie viele von denen, die damals auf die Straße gegangen sind, daselbst liegen geblieben sind.

LÄNDLER

Jetzt wird's bei uns gemütlich –
wir sind ein deutsches Land.
Und endlich ist das Böse
aus unserm Land verbannt.
Wir dürfen wieder deutsch sein
in Herz und Kopf und Bauch.
Was einst nur Westler durften,
das dürfen wir jetzt auch.

Wir sind nicht mehr die Kleinen.
Auch draußen sind wir stark.

Wo immer wir erscheinen,
da zahlen wir in Mark.
In Ungarn auf den Putz haun,
das wird jetzt endlich Brauch,
auf Ausländer herabsehn –
das können wir jetzt alles auch.

Zigeunern, Juden, Schwulen,
den' haun wir auf den Schwanz.
Wir lassen jetzt die Sau raus,
die deutsche Toleranz.
Was man uns einst versagte,
daß man die Wahrheit sprach
und zeigte, wie man dachte –
das holen wir jetzt alles nach!

GENOSSE TREND, GEH DU VORAN

Was in der DDR einst seinen sozialistisch schleppenden
Gang ging, das wird nun in der freien Marktwirtschaft endlich auf Vordermann gebracht. Die Demokratie hielt Einzug im Beitrittsgebiet und fand genauso viele Anhänger vor,
wie das alte SED-Regime verloren hatte. Der Wandel erfolgte
durch schlagartige Annäherung. Aus den objektiven Ge-
setzmäßigkeiten der Diktatur wurden die Sachzwänge einer Demokratie, die noch gar nicht da war, als wir sie schon
von ganzem Herzen begrüßt hatten. Wir – das sind die ehemaligen Mitglieder eines ehemals sozialistischen Kollekti-
vs, die nichts zu verlieren haben als ihre Vergangenheit.
Und dann handelt es sich nur noch um eine ehemalige Vergangenheit.

Wie uns die Geschichte lehrt,
war, was gestern war, verkehrt.
Drum suchen wir jetzt unser Heil

im geraden Gegenteil.
Wir wandelten uns ganz sublim
vom Kollektiv zum freien Team.

Von der ganzen Diktatur
blieb bei uns nicht eine Spur.
Ein jeder Mann in diesem Staat
ist jetzt deutscher Demokrat.
Und keine Spur mehr vom Regime.
Genossen, wir sind jetzt ein Team.

Es bedarf nur eines Winks,
und schon sind wir nicht mehr links.
Die Freiheit ruft. Wir stehen stramm
als befreiter deutscher Stamm.
Und keiner liegt bei uns mehr schief.
Ein Team ist auch ein Kollektiv.

Gelernt ist eben gelernt, und was Hänschen gelernt, verlernt Hans nimmermehr. Aus den verachteten Untertanen
eines ebenso verachteten Terrorregimes wurden die freien
Mitläufer einer freien Welt, in der es der freien Entscheidung jedes einzelnen überlassen bleibt, ob er mitläuft oder
auf der Strecke bleibt.
Zur Demokratie muß man uns nicht zwingen wie einst zur
Diktatur. Mag auch der Aufschwung Ost noch nicht so recht
gelingen, das Mitlaufen Ost – endlich als ideologiefreie Dis-
ziplin jedem zugänglich – beherrschen wir wie unsere de-
mokratietrainierten Brüder und Schwestern, die seit jeher
völlig zwanglos mitlaufen, wohin sie ihre Demokratie auch
führt. Daß es jetzt mehrere Parteien gibt, denen man sich
anschließen kann, irritiert uns viel weniger als die Erkenntnis, daß man in der Freiheit so gut anwenden kann,
was man unter der Diktatur an Fähigkeiten gewonnen hat.
Ehemalige Spitzenmitläufer wie Günther Schabowski lau-

fen uns schon wieder voran, er, dem einst der Sprung in die oberste Mitlaufzentrale der ehemaligen DDR gelungen war, ins Politbüro. Wie sich jetzt herausstellt, war ja unsere vorderste Spitzengruppe auch nur mitgelaufen. Und hätte Honecker nicht seinen Vordermann in Moskau verloren, alles könnte noch laufen, wie es halt lief. Für Mitläufer ist nicht die Richtung entscheidend, sondern der Vordermann. Vordermann verloren, alles verloren.

Als Gorbatschow seinem Honecker davonlief, hielt dieser sich zeitweise selbst für den Vordermann und lief – von seiner plötzlichen Führungsrolle überwältigt – zuerst dem ihm noch folgenden Politbüro davon und dann seinem ans gemächliche Mitlaufen gewöhnten Volk. Schließlich wußte das Mittelfeld nicht mehr, wo die Spitzengruppe lief, hatte sozusagen den Anschluß verloren und suchte verzweifelt Anschluß an eine neue Spitzengruppe. So kam es zum Anschluß nach dem Artikel 23.

Jetzt läuft wieder alles. Wir sind längst wieder auf Vordermann gebracht. Und dieser Vordermann gerät uns so schnell nicht aus den Augen. Dafür sorgt er mit allen Meinungsumfragen, die er haben kann. Er schaut, wohin der Hase läuft und bringt sich dahin immer wieder in Führung. Ja, er führt jetzt endlich die Mehrheit ganz demokratisch dorthin, wo er sie findet. Die ganze Richtung ist ihm egal. Hauptsache ist, daß er führt. Als er einst die Mehrheit im Westen zu verlieren drohte, führte er das deutsche Volk dahin, wo er diese Mehrheit wiederfand – in die Einheit.

Und nun läuft also endlich zusammen, was zusammengehört, der freie deutsche Einheitsmitläufer, dem das Ziel nichts, das Mitlaufen alles ist. Der Schritt vom kollektiven Einheitstrott zum individuellen Anpassungslauf ist für uns keine Hürde.

Mit uns zieht die neue Zeit, wie wir einst mit der alten Zeit gezogen sind. Wir ziehn immer mit und begrüßen in einmütiger Geschlossenheit diese neue Zeit mit dem Uralt-

Genossen Trend an der ewigen Spitze. Uns muß man nicht mehr sagen, was wir sollen, sondern nur, was wir wollen. Und wo ein Wille ist, da findet sich auch ein Weg zum Mitlaufen.

DER ALTE DUMME AUGUST

Damen und Herren! Brüder und Schwestern in Sachsen und Bayern, Dresden und Hamburg! Genossen, die es nie gewesen sein wollen. Clowns und solche, die es werden wollen – freiwillig im Zirkus oder unfreiwillig im Wahlkampf! Werdet, was ihr wollt, aber laßt mich bleiben, was ich bin! Nein, dummer August will nicht werden großer August. Nicht mal Minister ohne Geschäftsbereich in Bonn oder Ministerpräsident von Sachsen-Anhalt oder gar Gewandmeister von Bergmann-Pohl. Nuja, versteh die Frau ja, – hat sie Gesinnung vom Wühltisch, braucht sie das Kleid von Chanel.

Ich will bleiben einfache kleine Clown mit große Konsumhose. Schon damals, als ich noch war ganz kleine Nachwuchsclown, wollten alle mich machen zum Diplomaugust oder Diplfax, wie es in unsre schöne alte Faxsprache hieß. Biste aber erstmal was, haste gleich mehr zu werden – Doktor Fax, Professor Oberfax ... Und am Ende biste Oberclownrat mit drei junge dynamische Unterclowns und fünf Lachbearbeiter in drei komische Vorzimmer. Und dann darfste machen keine dummen, kleinen Witze mehr. Dann mußte machen große Worte über das komische Ganze oder das ganz Komische in neue Verpackungsgesellschaft mit all ihre Wegwerfideale von Ex- und Hopswirtschaft. Dann trägste keine Pappnase mehr, dann trägste nur noch Verantwortung im Gesicht. Und dann darfste nicht mehr sagen, wasde glaubst, dann mußte glauben, wasde sagst. Und versuch mal zu glauben, was der Kanzler sagt, ohne rot zu werden. Als Clown kannste bei den alten dummen Wahr-

98

heiten bleiben. Als Politiker mußte dir immer neue ausdenken. Nein, dummer August braucht keinen roten Teppich. Mein Platz war immer in den Fettnäppchen des Landes und bleibt da auch nach der Wiederbeleidigung ...

Oh, seit dem dritten Oktober hab ich selbst einen richtigen Bundestagsabgeordneten in meine komische Familie. Früher in der Volkskammer war er noch sehr komisch, wenn er sich freigesprochen hat von ganze schlimme Vergangenheit. War nämlich ganz früher mal Staatsbürgerkundelehrer. Mußte also erstmal in die DSU. Jetzt ist er in größere Fraktion, hat hochdeutsch sprechen gelernt und guckt auch nur noch hoch. Selbst zu viel kleinere Blüm guckt er jetzt hoch. Nur nachts unter der Bettdecke sieht er noch manchmal runter an sich. Und dann wird ihm schlecht vor Lachen darüber, daß sie sowas wie ihn demokratisch gewählt haben. Wie kommt das eigentlich, daß auch bei freie Wahl zum Schluß immer bloß dritte und vierte Wahl herauskommt? Hamse was zu verstecken, weilse sich alle nur geheim wählen lassen?

Nuja, dummer August will nicht gewählt werden. Auch wenn alle sagen, so ein alter August muß doch sein ein ganz besonders dummer August, wenn er noch nicht ist Oberaugust. Alter nützt bei Dummheit nichts. Dabei ist es gar nicht leicht, dumm zu bleiben in einer Umgebung, wo alle plötzlich wissen, was sie früher nicht mal zu träumen wagten. Heute wagen sie nicht mehr zu träumen, was sie früher alles wußten. Hätte Diestel geahnt, daß er so eine Karriere machen würde, ohne Honecker auch nur einmal zu zitieren? Früher war's die Einheitsbravheit, heute sind alle brav pluralistisch für dasselbe.

Nur dummer August kann bleiben, was er war – dumm, aber frech. Hab ich meinem Sohn in sein goldenes Erfolgsbuch geschrieben, als er zu seinen neuen Diäten nach Bonn abgefahren ist:

Groß willst du und artig sein?
Ach, August, was artig ist, ist klein.

Ist nicht von mir der Spruch. Ist bloß von ganz alte Lessing. Muß aber auch gewesen sein sowas wie ein ganz klassischer dummer August.

VOM DEUTSCHEN URSPRUNG DER BANANE

Die Banane als solche war schon immer eine zutiefst deutsche Frucht. Zwar gelang es zeitweise einigen kommunistischen Machthabern, die verdächtig große Gelbe aus dem von ihnen beherrschten Teil unseres Vaterlandes zu vertreiben. Doch sie hatten die Rechnung ohne die ebenfalls deutsche Weihnacht gemacht. Unter dem Decknamen Chiquita drang die als Südfrucht ausgegebene Westfrucht immer mal wieder frisch auf den ostdeutschen Gabentisch. Offiziell verfemt, liebte das deutsche Volk seine deutsche Banane wie keine anderes Obst.

Ja, es gibt wissenschaftliche Gutachten, die davon sprechen, daß die zweite deutsche Novemberrevolution ursächlich von der Banane ausging. Mochte man die Revolution auch aufhalten, die Banane nicht! Denn wo Deutschland liegt, da liebt man sie. Daß die alte SED-Führung heimlich jahrzehntelang diese deutscheste aller Früchte im stillen Politkämmerlein allein verzehrte, während das Volk hart am Werder-Apfel zu kauen hatte, gilt inzwischen als erwiesen. Lange Zeit versuchte die Staatssicherheit, die Banane aus dem Gedächtnis des Volkes zu löschen. Doch der leuchtendgelbe Schalenknaller hatte sich tief eingeprägt. Mochte das Objekt der Begierde selbst auch lange fehlen, das Bild von ihr ging nie verloren. Im Gegenteil – je abwesender die Krumme, desto größer die Sehnsucht nach ihr. Natürlich wagte man lange Zeit nicht, offen von ihr zu reden. Doch in geheimen Widerstandszirkeln hielt man das Bild von der deutschen Banane am Leben. Außer Landes getrieben – im Herzen geblieben!

Was aber macht nun diese Frucht so besonders deutsch? Da sind zunächst die Anbaugebiete. Wer einmal im botanischen Garten war, kann sich ein Bild machen, in welchem Klima die deutsche Banane reift. Kein Klima für die deutsche Arbeitskraft. Deutscher Pioniergeist brachte den von Natur aus dunkelhäutigen Negern die Anbaumethoden bei. Die deutsche Qualitätsbanane wird also in Drittländern angebaut, deren Einwohner an ihrem Klima keinen Schaden nehmen und zusätzlich vom deutschen Anbauauftrag profitieren.

Bananen sind keine eigensinnigen Einzelgewächse. Sie reifen in Stauden, also in festgefügten Gruppen zusammen. Das ist deutscher Gemeinsinn unter afrikanischer Sonne. Ferner wächst die Banane bereits in ihrer späteren Verpackung auf. Es besteht demnach keine Gefahr, daß die Frucht selbst in schwarze Hände fällt. Und wie der deutsche Mensch schlechthin, verbirgt auch diese deutsche Obstart unter ihrer harten Schale eine weiche Frucht. Aber Bananen weinen nicht!

Auch insofern sind sie deutsche Mannesfrüchte. Die Banane neigt zur Verbogenheit und unterstreicht nur noch einmal ihren zutiefst germanischen Ursprung. Lieber zerbricht sie, als sich von fremder Hand geradebiegen zu lassen.

Die Banane, der deutsche Krummstab – Symbol deutscher Geradlinigkeit.

Daß die deutsche Banane auch im Ausland verzehrt wird, beweist: Um Deutschland kommt niemand mehr herum. Im Inland eignet sie sich auch als Waffe gegen störende Ausländer. Auf ihren Schalen ist schon so mancher Fremde ausgerutscht. Deshalb werfen wir sie ja auch so gern auf unsere Straßen. Wir Deutsche wissen, was da alles herumliegt, also schauen wir genau, wohin wir unseren Fuß setzen. Ausländer hingegen halten unsere Straßen für sauber.

Sauber an uns ist aber nur die Gesinnung. Der deutsche Hundehalter weiß, wovon ich spreche ... Ja, der deutsche Hund und die deutsche Bananenschale erfüllen insofern den gleichen patriotischen Auftrag.

Ein Traum hat sich erfüllt. Die Banane ist nun endgültig wieder gesamtdeutsch. Das Ideal von gestern ist endlich Realität. Damit dürfte ein für allemal bewiesen sein – der Deutsche läßt sich seine Ideale nicht nehmen.

DIE WELT IST SCHÖN, MYLORD

(Ein Clown singt unter Tränen, während sein Bruder Lustig ihn kopfschüttelnd beobachtet.)

> Die Welt ist schön, Mylord,
> auch wenn du traurig bist.
> Dein ganzes Glück ist da,
> weil endlich Freiheit ist.
> Nun sei doch frei, Mylord,
> und sag zum Leben JA.
> Hier wird gelacht, Mylord!
> Was stört dich Afrika?
> Die Welt ist schön, Mylord.
> Ganz Deutschland ist jetzt high,
> denn wir sind frei, Mylord.
> Laß doch die Grübelei ...

Lustig: Wirst du wohl endlich frei sein und genießen, was du nicht ändern kannst?

Clown: Hab ich vierzig Jahre genossen das Gefühl, daß ich nichts ändern kann.

Lustig: Fünf Jahre Recht nach vierzig Jahren Unrecht, und schon ist es dir wieder nicht recht.

Clown: Ist mir schon recht. Nur, daß wir den Rest der Welt links liegen lassen, ist mir nicht recht.

Lustig: Was redest du von links, wo doch die ganze Welt

jetzt rechts ist. Jetzt mußt du nicht mehr zweifeln, nur noch glauben.

Clown: Hab ich gefürchtet, daß ich schon wieder dran glauben soll.

Lustig: Brauchst du nur ein bißchen Optimismus, und schon ist alles in Ordnung.

Clown: Schöne Ordnung, wo ich Optimismus brauche, um dran glauben zu können. Was seh ich, wenn ich das Fernsehn anstelle?

Lustig: Mußt du nicht alles glauben, was du siehst. Nur immer sehen, was du glaubst.

Clown: Glaubst du, das hilft einem?

Lustig: Dir hilft's. Glauben ist Hilfe zur Selbsthilfe. Bleibt dir gar nichts anderes übrig. Denn nochmal wird's nicht anders, nur immer besser.

Clown: Seit ich denken kann, wird alles besser. Wann wird's denn mal gut?

Lustig: Nu, ist das jetzt für dich ein Neuanfang oder nicht?

Clown: Will aber nicht bloß immer neu anfangen. Will auch mal was zu Ende machen.

Lustig: Willst du etwa wieder Sozialismus?

Clown: Wieso? Hatten wir schon mal welchen?

Lustig: Stimmt. Belogen und betrogen haben sie euch mit ihrem Sozialismus.

Clown: Wer konnte da ahnen, daß sie über Kapitalismus die Wahrheit sagen?

Lustig: Fruher gab es Wohlstand nur für Einzelne ...

Clown: ... aber Arbeit für alle.

Lustig: Heute gibt es Wohlstand für alle und keine Arbeit für Einzelne.

Clown: Bloß erstaunlich, wieviel Einzelne es plötzlich gibt. Ist ja schon die reine Wiedervereinzelung des deutschen Volkes.

Lustig: Nu, zugegeben – vereinzelt sind wir stark verunsichert. Aber alle zusammen haben wir endlich eine historische Chance. Und worauf ist die zurückzuführen?

Clown: Auf menschliches Versagen.

Lustig: Nein, auf den Sieg des Guten.

Clown: Nur schade, daß nach dem Sieg des Guten nicht gerade die Besten gewonnen haben. Es ist zum Heulen, worüber wir so gejubelt haben.

Lustig: Zum Lachen ist es. Weißt du, was mein Vater immer gesagt hat, wenn ich früher geheult habe? Ich schlag dich, bis du lachst.

Clown: Lache ja schon. Tränen lach ich ...

(Beide singen)

Die Welt ist schön, Mylord,
hast sie nur falsch gesehn.
Doch sie ist wunderschön,
brauchst es nur einzusehn.

Die Welt ist bunt, Mylord,
und nur dein Blick war grau.
Du bist gesund, Mylord,
wenns wehtut, dann vertrau.

Die Welt ist rund, Mylord.
Wer oben bleibt, hat Glück.
Wer runterfällt, Mylord,
der kommt nicht mehr zurück ...

FÜR IDEEN STERBEN

Der Mensch schuf Gott,
der Teufel die Propheten.
Sie künden heilige Ideen,
zu denen ganze Völker beten,

104

um dann für sie zugrund zu gehn.
Auch ich würd gerne an Ideen glauben,
doch nicht gleich vor die Hunde gehn.
Denn wie schnell sieht man sie verstauben,
die großen, schönen, neu'n Ideen.
Für Ideen sterben – die Idee ist wunderbar.
Doch langsam, langsam, – falls es nur ein Irrtum war.

Immer, wenn es den Menschen schlecht geht, halten sie
Ausschau nach guten Ideen.
Ein voller Bauch riskiert nicht gern den Bauchschuß.
Nur wer wirklich Hunger hat, läßt sich auch mit Ideen füt-
tern.
Wer aber vor der Schlachteplatte sitzt, was sollte den aufs
Schlachtfeld ziehen?
Er weiß, irren ist menschlich und endet meist tödlich.

Wie schnell stirbt Gott,
zu dem wir heut noch beten,
für den so mancher hungrig starb.
Stets überleben die Propheten,
die »Folgt uns!« rufen aus dem Hintergrund.
Wer wollte nicht mal für die Freiheit sterben?
Doch nicht mal *der* Tod ist gesund.
Man stürzt sich tapfer ins Verderben,
und keiner weiß danach den Grund.
Für Ideen sterben – die Idee ist wunderbar.
Doch langsam, langsam – falls es nur ein Irrtum war.

Wir haben den letzten Irrtum ja nochmal überlebt!
Vermutlich, weil es uns nicht schlecht genug ging.
Oder, weil die Fleischtöpfe Niedersachsens so dicht am
obersächsischen Jammertal standen.
Was waren unsere Fackelzüge gegen den Siegeszug der frei-
en Markwirtschaft?

Mochten Marx und Engels auch sterben,
wir durften Ludwig Erhardt beerben.

Lieber ein Volk ohne Traum als ein Traum ohne Volk.
Und so folgte das Volk seiner D-Mark. Die aber sprach zu
ihm: Du sollst keine anderen Götter haben neben mir.

Jetzt sind wir klug.
Uns kann man nichts erzählen.
Wir haben von Ideen genug.
Wir sind geheilt, wir dürfen wählen.
Die Auswahl macht den Menschen klug.
Was sind Ideale, wenn wir Wohlstand haben?
Der Kopf ist klar. Wir sind gesund.
Wir haben die Ideen begraben.
Die Welt ist schön, denn sie ist bunt.
Für Ideen sterben – die Idee war sonderbar,
wo alles, alles doch ein Irrtum war ...

So dachten wir bis gestern.
Genau so lange, wie wir hoffen durften, daß es uns bald
besser gehen würde.
Nun geht es uns aber wieder schlechter.
Viel schlechter, als wir je zu hoffen wagten.
Wie schlecht muß es uns nun noch gehen, um wiedermal
auf ganz neue Ideen zu kommen?
Vielleicht auch auf ganz alte.
Denn ganz ohne Ideen zu sterben ist ja auch nicht die be-
ste Idee.

DER SÜSSE BREI
Ein ostdeutsches Märchen

Es war einmal ein kleines Ländchen. Das lebte mit seiner
Regierung allein hinter einem hohen Zaun. Und sie hatten

dort keine Bananen und keine Tomaten im Winter, nur Äpfel und Kohl das ganze liebe lange Jahr über. Und die Regierung predigte öffentlich Apfelmus, fraß aber insgeheim Ananas und Bananen.

Das arme Volk kam seiner reichen Regierung auf die verbotenen Südfrüchte, jagte sie aus ihren Jagdgebieten und ging selbst in die Welt hinaus. Da begegnete ihm eine alte Frau, die aber hieß Marktwirtschaft und sah für ihr Alter blühend aus. Sie kannte den ganzen sozialistischen Jammer schon und schenkte dem welken Volk ein Zauberwort. Das aber hieß Kapital. Zu dem sollte es nur sagen: »Komm, Kapitaleken, komm – wir wolln aufs Ganze gehn!« Und das Volk tat es. Sofort blühten die Kirschbäume im Winter, und vom Himmel fielen Ananas und Bananen das ganze Jahr über für jedermann.

So war das Volk seiner Armut bald ledig, ließ das Kapital für sich arbeiten und bekam selbst noch eine Arbeitslosenunterstützung. Es lag den lieben langen Tag in der Sonne, denn die verfallenen Hütten hatte das Volk dem Kapital überlassen dürfen. Das arbeitete nun damit und bescherte Wohlstand und Glück nebst einem nie gekannten Überfluß an Waren des nicht alltäglichen Bedarfs. Schließlich aber langweilte sich das faule Volk und verlangte nach Arbeit. Als der Winter kam, wollte es gar in seine billigen, aber warmen Behausungen zurück. Auch mehrten sich die Stimmen, die wieder nach Kohl und Apfelmus verlangten. Doch das rastlose Kapital fuhr fort zu arbeiten. Und wer da zurück wollte in sein altes, dunkles, verfallenes Haus, der mußte sich durchfressen durch einen süßen Brei von Zinsen und Zinseszinsen, unter dem das Land nun endlich seine wahre Geborgenheit gefunden hatte. Denn auch sie – die Geborgenheit – war endlich zur Ware geworden. Und wer das Kapital hatte, der konnte sie überall käuflich erwerben – diese ganze schöne Geborgenheit.

WIR ZAUBERLEHRLINGE

Hat der alte Ludwig Erhard
sich doch nun zu uns begeben.
Denn es wollt, wer's einst so schwer hatt',
auch in seinem Wohlstand leben.
Seine Wort und Werke
merkt ich und den Brauch –
mit der D-Mark Stärke
tun wir Wunder auch.

Walle, walle,
Markt erwecke,
daß zum Zwecke
Wohlstand fließe
und in reichem, vollem Schwalle
in den Osten sich ergieße.

Und nun komm, du Wirtschaftswunder,
unsre Sehnsüchte zu stillen.
Markt regier! Mach uns gesunder.
Sei uns endlich auch zu Willen.
Auf zwei Beinen stehe.
Oben ist der Knopf.
Wenn ich daran drehe,
füllt sich unser Topf.

Walle, walle,
auf der Strecke
bleiben Säcke
über vierzig.
Aus dem reichen Wohlstandsschwalle
wird ein Rinnsal und verirrt sich.

Seht, da gehn die Werke pleite,
und die Arbeit ist verloren.
Arbeitslos ist jeder zweite.
Nur der Chef bleibt ungeschoren.
Ludwig, den wir riefen,
Erhard, mach dich weg!
Führst uns in die Tiefen,
in den tiefen Dreck.

Stehe, stehe!
Denn wir haben
deiner Gaben
voll gemessen.
Ach, wir merken's – wehe, wehe! –
werden jetzt vom Markt gefressen.

Kann den Markt denn keiner halten?
Solln wir alle drin ersaufen?
Hätten wir doch noch die alten
Herrn in unserm Trümmerhaufen!
Ludwig, du verfluchter,
hau doch wieder ab!
Erhard, du verruchter –
ab mit dir ins Grab!

Wollt am Ende
uns nicht lassen?
Wolln euch fassen,
wolln euch halten
und das Vaterland behende
wieder in zwei Teile spalten.

Da, die Marktwirtschaft kommt wieder.
Wie ich mich jetzt auf sie werfe!
Gleich, oh Erhard, liegst du nieder!

Krachend trifft die glatte Schärfe.
Wahrlich, brav getroffen!
Markt, du bist entzwei.
Und wir können wieder hoffen.
Und wir atmen frei.

Wehe, wehe!
Beide Teile
ziehn in Eile
nun als Feinde
in die deutsche Wirtschaftsehe.
Und es zittert die Gemeinde.

Kohl und Waigel, Lambsdorff, Rühe –
alle rufen: Optimismus!
Gebt euch doch ein bißchen Mühe!
Oder wollt ihr Sozialismus?
Ach, wo bleibt der Meister?
Herr, die Not ist groß.
Kohl und seine Geister
wird man nicht mehr los.

Untergehen
nur die Schwachen.
Und wir lachen
über solche.
In der Marktwirtschaft bestehen
wieder nur die großen Strolche.

WETTLAUF ZWISCHEN HASEN UND IGELN

Es waren einmal sechzehn Millionen Hasen. Die wußten
von nichts, waren aber so eingebildet, daß sie glaubten, mit
sechzig Millionen Igeln um die Wette laufen zu können.
Damit es ein Heimspiel für sie würde, wollten die dummen

Hasen all die klugen Igel zu sich ins Land bitten. Doch noch ehe sie die Bitte ausgesprochen hatten, riefen die Igel munter: »Sind schon allhier!« Auf daß es ein fairer Wettkampf würde, gaben die Igel den Hasen ihre Treuhand. Sie setzten neben all ihrem know how auch ein kleines Startkapital aufs Spiel. Die Hasen dagegen hatten nichts zu setzen als Haus und Hof, Stahlwerk und Blumenladen, Intendanten- und Ministerpräsidentenposten. Kaum war der Startschuß gefallen, da sah man die Hasen auch schon laufen wie die Hasen. Denn sie meinten, die Igel wären hinter ihnen. Beim Lauf selbst aber fehlte von den Igeln jede Spur. Doch wo immer ein Hase auch ins Ziel lief, stand bereits ein Igel und rief: »Bin schon allhier!« Die dummen Hasen aber, denen man vierzig Jahre lang eingeredet hatte, sie wären auf jeden Fall Sieger der Geschichte, wollten nicht glauben, daß sie fortan nur noch zweiter Sieger sein würden auf einer Rennbahn, die einmal ihnen gehört hatte. Sie hörten nicht auf zu laufen und zu laufen. Und wenn sie nicht gestorben sind, dann laufen sie noch heute, obwohl das Rennen für die Igel längst gelaufen ist.

WIE ZERRECHNE ICH EIN VOLKSVERMÖGEN?

Wir kommen jetzt zur Mathematik, zur höheren Mathematik, genauer gesagt, zur Mathematik der Höheren. Sie beginnt da, wo es sich rechnet, ohne daß einer nachrechnen könnte. Spätestens seit dem Tag der Währungsunion wissen ja auch die Ostdeutschen, Westgeld nützt einem gar nichts, wenn man damit nicht rechnen kann. Hielten manche von ihnen das Begrüßungsgeld noch für ein Startkapital, so wissen heute alle, es war eine einmalige Abfindung. Einmalig schon deshalb, weil man sich mit allem, was danach kam, abfinden mußte, und zwar unentgeltlich.
In der einen Hand das Begrüßungsgeld, in der anderen Hand die Treuhand – so wurde der Osten über Nacht hand-

lungsunfähig. Das Kapital nahm, wurde nicht gesehen und siegte trotzdem. Der Westen erbte von Marx sozusagen das Kapital, während dem Osten nur sein »Elend der Philosophie« blieb ...

Und das alles verdanken wir der Einführung der höheren Mathematik in die Niederungen des Ostens. Es begann mit der einfachen Bruchrechnung. Rohwedder rechnete den vorgefundenen Bruch mal rasch zusammen und kam auf 600 bis 650 Milliarden plus.

Als wenig später Birgit Breuel nochmal nachrechnete, machte sie aus Rohwedders altmodischer Bruchrechnung ihre moderne Zusammenbruchrechnung und ermittelte ganze 275 Milliarden minus. Sie hat sozusagen den Dezimierungsquotienten eingeführt – plus mal plus ergibt minus. Dieses Prinzip ist auch von Sozialhilfeempfängern leicht nachzuvollziehen, denn auch bei ihnen ergibt ja häufig genug Sozialhilfe plus Wohngeld ein kräftiges Minus in der Haushaltskasse.

Der Unterschied zwischen Rohwedders Plus und Birgits Minus macht eine knappe neutrale Billion aus. Um zu so einem Billionenloch zu kommen, bedarf es natürlich – anders als beim Haushaltsloch des Sozialhilfeempfängers – vieler energischer Rechenschritte. Ein solcher Schritt ist zum Beispiel der Verkauf eines Millionenobjektes für den symbolischen Preis von einer Mark. Allein daraus errechnet sich bereits ein Minus von neunhunderttausendneunhundertneunundneunzig Mark.

Diese Summe entspricht genau dem, was unter Treuhandtaschenrechnern ein Breuel genannt wird. Wieviele Breuels aber sind nötig, um auf eine Billion zu kommen? Bevor Sie nun versuchen, der Birgit Breuel nach Adam Riese auf den Rechenweg zu kommen, will ich das Ergebnis verraten: Dank der postmodernen Potenzrechnung hat ein Breuel ausgereicht. Denn sie hatte eine ausreichende Anzahl potenter Mitrechner zur Seite, die ihr halfen beiseitezubringen, was beiseitezubringen war – ein Volksvermögen.

Dieses Volksvermögen geteilt durch die vielen, vielen vermögenden Investoren aus dem Westen, da blieben unter dem Strich für den weniger vermögenden Steuerzahler Ost und West eben nur Schulden. Getreu dem Satz des Pythagoras in der Waigelschen Übersetzung: Der Gewinn auf der einen Seite ergibt sich aus dem Verlust auf der anderen Seite. Und oberstes Gesetz aller Marktwirtschaft ist nunmal: Gewinne sind zu privatisieren, damit man die Verluste vergesellschaften kann.

Und damit der Weststeuerzahler den Oststeuerzahler so richtig schön in sein Mathematikerherz schließen kann, wird ihm exakt vorgerechnet, daß er wiedermal alles für den Osten bezahlen muß. Daß dieser Osten dem Osten gar nicht mehr gehört, ist eine zu vernachlässigende Größe. Denn die wenigen Großen aus dem Westen, die das große Ostgeschäft gemacht haben, sind ja nach der Wahrscheinlichkeitsrechnung gar nicht mehr auffindbar. Sie verschwanden längst in den Steuerparadiesen dieser Erde und senden von dorther fliehend nur ohnmächtige Schauer kerniger Schneider. Der vom Druck des Kapitals befreite Ossi aber wird zum Ende dieses Jahres der größten Rechenkünstlerin deutscher Zunge nachrufen können:

> Birgit, Birgit, du entschwandest,
> und mit dir mein ganzes Geld.

LIEBE EINJÄHRIG-FREIWILLIGE ODER UNFREIWILLIGE, KURZ, LIEBE BEUTEDEUTSCHE!

Die deutsche Niedervereinigung des Ostens hat hier zwar manchen aufgebracht, aber die abgewiegelte Mehrheit schickt sich in das goldene Los der deutschen Zweiklassenlotterie. Mit offener Hand begrüßen wir unsere neuen Ostgebieter aus dem Westen, die nach schmerzlichen Niederlagen bei sich daheim hier noch einmal unerwartete Spätsiege erringen durften. Ja, wer wie Späth kommt, der bestraft die Geschichte. Denn bautet ihr am Rhein auch Scheiße, taugt ihr noch für Spree und Pleiße. Beziehungsweise, wählet euch in Stuttgart keena, kommt nach Magdeburg und Jena!

So erneuerte sich die CDU, um endlich wieder ganz die alte werden zu können. Sie befreite sich von all ihren lästigen Altlasten. Die aus dem Westen fanden im Osten die besten Posten. Die Altlasten Ost fielen direkt durch den Rost. Auch de Mazière pflegt wieder Rechtsverkehr. Nur Krause und Merkel sind in Bonn noch am Werkel. Aber wartet nur, balde sind auch sie auf der Halde.

Wir anderen waren ein ganzes Jahr lang beschäftigt mit der Deutschwerdung des Affen in uns. Wir vermögen über Bananen bereits zu lächeln und halten uns fast schon für zurechnungsfähige Bundesbürger. Mag sich der eine oder andere zu Hause auch noch nicht so recht heimisch fühlen, im Ausland benehmen wir uns schon, als wären wir da zu Hause. Also, da lassen wir schon mal die Sau raus. Und ein Deutscher, der die Sau rausläßt, ist von dieser kaum noch zu unterscheiden.

Auch der früher nur belächelte sächsische Dialekt wird in der Welt wieder gefürchtet. Andersfarbige werden im ehemaligen Tal der Ahnungslosen gern zu Besinnungslosen geschlagen. Alle Neger halten still, wenn der Sachsen Arm es will, – das ist sächsische Schlagfertigkeit.

So wuchs denn bei vielen Ausländern das Verständnis für die alte SED-Führung, die ihre Bevölkerung eingesperrt hielt. Daß sich trotzdem kein Land findet, das Honecker aufnehmen will, liegt doch nur an dem alten Fehler, ein Volk mit seiner Führung zu verwechseln. Führungen aber sind auswechselbar, ein Volk hingegen bleibt sich treu.

Wie anders wäre unser steiler Aufstieg – über alles in der Welt – zu erklären? Nein, uns macht uns keiner nach:

114

Deutsch bis auf die Knochen in 52 Wochen. Je arbeitsloser wir sind, desto tatendurstiger begegnen wir allen ausländischen Arbeitwegnehmern.

Es braust ein Ruf wie Donnerhall – der deutsche Fall heißt Überfall. Heute stören uns die Ausländer in Deutschland und morgen in der ganzen Welt.

Was also singt heute der Rechtsradikale?

Völker, hört die Signale ...

WAS IST GEBLIEBEN

Die DDR hat in den vierzig Jahren ihres Bestehens einen wirklichen Sieg errungen – den über sich selbst. Daß es ihr erster war, ist traurig, daß es ihr letzter war, ist tragisch. Errungen wurde er in einer Feierabendrevolution, also außerhalb der Arbeitszeit. Das kann nur einen wundern, der diese DDR nicht kannte. Hier wurde schon immer nach Feierabend besser gearbeitet als vorher. Daß in Deutschland einmal eine Revolution siegen würde, damit hatten wohl weder die Sieger noch die Besiegten gerechnet. Das führte denn auch zum fast geschlossenen Rücktritt von Siegern und Besiegten gleich nach der unblutigen Schlacht. Die sich danach zu Siegern erklärten, waren zumeist Postrevolutionäre, die sofort nach der Entscheidung auf Barrikaden erschienen, von deren Existenz vorher keiner etwas geahnt hatte.

Daß die wirklichen Revolutionäre zu postrevolutionären Ämtern nicht taugten, bewiesen sie schon damit, daß sie solche gar nicht angestrebt hatten. Sie hatten von sich allenfalls behauptet, das Volk zu sein. Und seit wann erhebt das Volk irgendwo einen Führungsanspruch? Die in jeder Hinsicht alte Führung hatte wohl von der Existenz dieses Volkes nur aus den Berichten der Staatssicherheit gewußt. Wie Führer das wohl gewöhnlich tun, wenn ihnen die Macht aus den Händen gleitet, so konspirierten auch die Wandlitzer Herren noch ein wenig gegeneinander, um dann nichts anderes zu hinterlassen als ein paar schnelle, unschuldige Bücher. Darin kann Klein-Fritzchen nachlesen, daß sich Politik wirklich so abspielt, wie er sich das immer vorgestellt hatte.

Das führerlos gewordene Volk mußte fürchten, seinem Schicksal überlassen zu bleiben. Denn mit dem Ende der SED-Führung schienen auch die Revolutionäre am Ende mit ihrem Latein. Jedenfalls weigerten sie sich, diesem Volk nun irgendwelche neuen Vorschriften zu machen. So aber läßt sich ein deutsches Volk nicht lange behandeln. Und so wurden denn auf der Straße endlich deutsche Töne laut. Man konnte ja jetzt rufen, was man wollte. Und so riefen endlich auch einmal die Leute, die bisher standhaft hinter ihren Gardinen alles beobachtet hatten, was ihnen gerade einfiel. »Wir sind ein Volk« riefen sie. Das klang ähnlich wie der Ruf der Revolutionäre und war doch alles andere als revolutionär. Aber – Revolution hin, Revolution her – einmal muß auch wieder Ordnung sein, deutsche Ordnung. So wurde denn gerufen, was sich nicht lange bitten ließ – die andere deutsche Ordnung. Deren gesundes Aussehen war von keines selbstzweiflerischen Gedankens Blässe angekränkelt. Sozusagen über Nacht wurden wir Deutschland einig Bundesrepublik, und nun wundert sich ein Volk, daß es nicht mehr gefragt wird, wenn es um sein Schicksal geht. Wer jetzt noch auf die Straße geht, riskiert allenfalls, dort stehengelassen zu werden. Vom Ruf nach Freiheit ist die Bewegungsfreiheit geblieben. Die Demokratie fand in aller Stille in der Wahlkabine statt, und die außerparlamentarische Opposition in den neuen Bundesländern setzte den grünen Pfeil und das Sandmännchen durch. Anfangs hatten uns westdeutsche Freunde noch gewarnt, wir sollten nicht alle Fehler des Westens nachmachen. Aber sobald hier einer zu eigenen Fehlern ansetzte, wurde ihm durch Kopfschütteln bewiesen, daß dies nicht anginge.

Der ehemals aufmüpfigen DDR-Literatur wurde ihr Platz in der Schmollecke zugewiesen. Die einst als Oppositionelle gefeierten Literaten wurden als Stützen des SED-Regimes entlarvt. Ihr Zögern, die neue Ordnung zu feiern, bewies aller westlichen Welt, wie angepaßt die Wolf etwa war und wie schlecht der Heym schon immer geschrieben hatte. Daß die DDR-Verlage sich unter marktwirtschaftlichen Bedingungen kaum zu halten vermögen, beweist ja endgültig, wie zweitrangig die dort verlegte Literatur ist. Die östliche Vergangenheit wird am besten in westlichen Nachrichtenmagazinen bewältigt. Und ganz nebenbei wird auch mit den linken Spinnern aus der westlichen Sympathisantenszene aufgeräumt. Es ist eine Lust, in westdeutscher Unschuld zu baden, seit die Untiefen östlicher Schuld erkannt sind.

Wenn ich so höre, lese und sehe, was mir über meine Vergangenheit mitgeteilt wird, habe ich immer öfter den Verdacht, selbst gar nicht dabeigewesen zu sein. Wie habe ich hier nur einen ruhigen Tag verbringen können? Und wie dankbar muß ich jetzt sein, wenn mir mein westdeutscher Bruder auf die Schulter klopft und sagt, daß er gar nicht wisse, ob er sich anders verhalten hätte als ich, wenn er in meiner Situation gewesen wäre. Woher weiß er eigentlich, wie ich mich verhalten habe und wie die Situation hier war? Denn eigentlich *hier* waren die wenigsten von ihnen, die jetzt so um Verständnis bemüht sind. »Sie verstehen, die Grenzkontrollen, und überhaupt, man wollte mit dem Ganzen nichts zu tun haben.« Nun, wir hatten mit dem Ganzen zu tun, ob wir wollten oder nicht. Und wer sich ganz unschuldig fühlt, der möge es sagen.

Bevor ich nun anheben wollte, von meiner Schuld zu sprechen, habe ich in den »Spiegel« gesehen, in den vom 17. Juli 1991. Da schreibt der sozialdemokratische Minister Wolfgang Clement nicht nur sinngemäß, sondern gleich wörtlich, wie es um uns alle hier steht. »Natürlich stimmt es, daß es in Staaten, die Freiheits- und Bürgerrechte

unterdrücken, nur wenige Helden gibt. Natürlich stimmt es, daß niemand, zumal vom sicheren Port aus, moralisch verurteilt werden darf, weil er sich nicht heldenhaft benommen hat – aber muß er deshalb gleich mit dem Glorienschein der Normalität versehen werden?«
Vom Glorienschein westlicher Normalität geblendet, schließe ich die Augen vor meinem Spiegelbild.
Im Angesicht so heldenhafter Unschuld, die im Westen zur Normalität gehört, rutscht mir mein schuldbeladenes Herz in die Hose. Die aber möchte ich nun, ganz besonders vor Herrn Clement, nicht gern herunterlassen, obwohl ich das Gefühl hab, daß er mir irgendwo da unten etwas antun dürfte.

SACHSENS AUTOKÖNIG

Sachsens Glanz und Sachsens Größe –
Blümchenkaffee, rohe Klöße,
Bachs Musik, das Porzellan,
Wagners Lohengrin samt Schwan –
alles wird man einst vergessen.
Unvergessen bleibt indessen:
Sachsen war das stolze Land,
wo man den Trabant erfand.

Jene kühne Knatterpappe,
feurig-heißer Kunststoffrappe,
dieser Autosonderfall –
nur der Motor war Metall.
Kein Mercedes lief so lange
qualitätsgleich von der Stange.
Sachsen war das Mutterland
für das Wunderkind Trabant.

Blaugelb warn die Abgasfarben,
die für Sachsens Hightech warben.
Unvergleichlich war der Klang
an der Schallmauer entlang.
Was selbst die Japaner wundert –
runter fuhr das Untier Hundert.
Ja, er war von Meisterhand –
Zwickaus Ruhm war sein Trabant.

Haltbar war er wie kein zweiter.
Noch die Enkel fuhrn ihn weiter,
den einst Opa zweiter Hand
für zehntausend Mark erstand.
Das Modell schien gottgegeben.
Ewig schien sein Straßenleben.
Ruhe wohl am Straßenrand –
Sachsens König, mein Trabant.

AN UNS SOLL'S NICHT LIEGEN

Was immer auch die Menschheit tut –
die Welt ist schlecht, der Mensch ist gut.
Wie sauber sich der Mensch auch hält –
um ihn herum verdreckt die böse Welt.
Die Umwelt, die wir so behüten,
geht ein, weil finstre Mächte wuten.
Indes wir für Naturschutz werben,
gehn Bäume ein und Fischlein sterben.
Trotz Tierschutz stirbt der Wal im Wasser,
als wäre er ein Menschenhasser.
Die Hausfrau wäscht phosphatfrei – und?!
Bleibt jetzt das Grundwasser gesund?
Wir halten rein die liebe Luft.
Der Wind bläst Dreck hinein, der Schuft.
Wir bauen Bomben aus Neutronen,

die nachweislich die Umwelt schonen.
Wir tanken bleifrei, fahrn mit Kat.
Wie dankt uns das das grüne Blatt?
Es hängt so welk am trocknen Ast,
als wär das Leben eine Last.
Der menschgewordne Optimismus,
der fehlt dem Pflanzenorganismus.
Wir schützen unsern Wald auch künftig.
Doch die Natur wird nicht vernünftig.
Und grade so wie die Natur
stellt sich auch die Geschichte stur.
Der Mensch ist gut. Doch die Geschichte
macht alles Gute schnell zunichte.
Sie nimmt dem Menschen alles krumm.
Drum drehn wir uns nach ihr nicht um.
Wer immer strebend sich bemüht,
erfindet eben Dynamit.
Doch menschlichen Erfindergeist
verfälscht die Kriegsgeschichte dreist.
Was auch der Mensch an Fortschritt schafft,
Geschichte ist die böse Kraft,
die nach dem Krieg auch Sieger quält,
indem sie seine Opfer zählt.
Wie wärn die Deutschen populär,
wenn da nicht die Geschichte wär!
Von uns gibt's herrliche Gedichte.
Was schlecht war, ist doch nur Geschichte.
Und noch eins – wär der Mensch allein,
dann könnte er auch friedlich sein.
Er könnte brav in Frieden leben,
würd's nicht die bösen andern geben.
Der Mensch ist gut. Die andern sind schlecht.
Die Ein-Mensch-Welt wär endlich ganz gerecht.
Des Menschen Güte wär unendlich
und Toleranz ganz selbstverständlich.

Ein jeder könnte ganz er selber sein,
denn keiner schleppte fremde Sitten ein.
Kein Neger würde bei uns blaß –
es gäb ja keinen Fremdenhaß.
Kein Türke würde uns mehr stinken.
Kein Skinhead schlüge einen Linken.
Kein Linker wäre selbstgerecht.
Auch Scheiße röche nicht mehr schlecht.
Der gute Mensch hat Gottseidank
nichts gegen eigenen Gestank.
Der Mensch ist gut. Wir brauchen nur,
die andern, Geschichte und Natur
endgültig zu besiegen.
AN UNS SOLL'S NICHT LIEGEN!

OLYMPIA ZWEITAUSEND

Da ich zur Zeit – außer einer gewissen Frühjahrsmüdigkeit – gar keine Sorgen habe, mache ich mir Sorgen um die Olympiade im Jahre Zweitausend. Ihr gilt morgens mein erster Gedanke und abends mein letzter. Zwischendurch denke ich schon mal zerstreut an so völlig unwichtige Dinge wie Umweltzerstörung, Wohnungsnot und Arbeitslosigkeit – na, eben Sachen, die mich im Gegensatz zu dieser Olympiade gar nicht wirklich berühren. Was kratzt mich eine Werftenkrise in Mecklenburg-Vorpommern, ein Kernkraftwerksunfall bei Sankt Petersburg, solange ich in Berlin die Aussicht auf Brot und Olympische Spiele habe? Was sind all die Beschäftigungsprogramme von heute gegen die Olympiade im Jahre Zweitausend?
Sie wird die gewaltigste ABM – also Ablenkungsbeschaffungsmaßnahme des Jahrtausends. Und das nicht nur für die Berliner und Brandenburger Landbevölkerung. Nein, mit den Fernsehübertragungen von diesen erregenden Wettläufen von Strich zu Strich kriegt man auch in Sach-

sen und Thüringen die Leute viel leichter von der Straße als mit Versprechungen von Arbeitsplätzen für eine heile Umwelt etwa. In einer heilen Umwelt gehen die Leute ja doch bloß wieder spazieren, oder sie demonstrieren leichtfertig für höhere Löhne. Während der Olympiade aber bleiben sie zu Hause vor dem Fernsehapparat und sitzen ihre Aggressionen in den heimischen Polstermöbeln aus.

Eine Olympiade hat für den Zuschauer den unschätzbaren Vorteil, daß er selber keinen Schritt tun muß. Seit es die Fernbedienung gibt, muß man nicht einmal aufstehen, um in dieser unglaublichen Medienvielfalt von einem Spitzensportler auf den anderen zu schalten. Sie springen und laufen ja doch höher, schneller und weiter als irgendeiner von uns. Wozu sollten wir also noch selbst laufen oder springen, ohne jede Aussicht auf olympische Medaillen? Nein, seit ich gehört habe, daß Berlin sich endlich um die Austragung der Spiele beworben hat, mache ich keinen Frühsport mehr. Man kommt sich ja lächerlich vor mit seinen zwanzig Liegestützen, Kniebeugen oder Klimmzügen. Aus mir wird sowieso keine Krabbe mehr. Da kann ich einnehmen, was ich will.

Und als Zuschauer darf man ja noch einnehmen, was man will.

Wenn ich mir vorstelle, was im Jahre Zweitausend hier an olympischem Bier und Korn eingenommen wird, beginne ich zu ahnen, aus welchem Stoff die olympische Idee gebraut ist. Ob nun die deutsche Mannschaft gewinnt oder verliert, Schultheiß wird auf jeden Fall gewinnen. Und da geht der deutsche Krug an die Theke, bis er bricht. Ob Sieg oder Niederlage, Anlaß zum Saufen wird der deutsche Sportfreund immer finden. So führt denn der Spitzensport ziemlich direkt zum Massensuff.

Ein echter deutscher Sportler läuft, damit sein Volk sich dann besäuft. Und wer keinen Alkohol mehr verträgt, der wird von nationalen Gefühlen erregt. Sport ist eben gesund für das Volksempfinden. Und das gesunde Volksempfinden braucht Tribünenplätze und keine Krankenhausbetten. Es will in der ersten Reihe sitzen und nicht auf der faulen Krankenhaut ruhen.

Wir brauchen uns nur an die letzten Fußballweltmeisterschaften zu erinnern, um zu wissen, daß ein deutscher Torschütze mehr Stimmen auf sich vereinen kann als alle christlichen Parteien dieses Landes. Auch vor einer olympischen Goldmedaille sind wir alle gleich laut. Da jubelt der ostdeutsche Arbeitslose genauso erbarmungslos wie sein westdeutscher Kanzler. Mit diesem dann endlich wieder gesamtdeutschen Beifallsgeschrei durchbrechen wir alle innerdeutschen Schallmauern. Auch der obdachlose Sportfreund jubelt sich dann aus seinem sozialen Nichts ins olympische Vollgefühl seiner nationalen Überlegenheit.

Ein deutscher Sportsieg läßt uns alle wenigstens für Momente unsere Abneigung gegen die Asylanten vergessen. Im Überschwang des eigenen Jubels sind wir gern einmal bereit, auch fremde Ruhestörungen zu tolerieren, also zu überbrüllen. Ein deutsches Sportpublikum besteht aus lauter Toleranz. Insofern dient der Sport eben auch der Völkerverständigung.

Was in einem Sportstadion gerufen wird, bedarf keiner Übersetzung, denn die Argumente unserer Sportfans sind meist einfach schlagend. Daß auch Briten oder Belgier in ihren Sportstadien eine gewisse Schlagfertigkeit bewiesen haben, macht sie nicht besser, aber auch nicht schlechter als uns Deutsche. Wir sind ja auch bereit, sie gebührend zu empfangen.

Und noch eines: die deutsche Hauptstadt muß endlich auch an Attraktivität für die immer noch Bonner Spitzenpolitiker gewinnen. Das heißt, sie müssen hier etwas finden, womit sie auch was anfangen können, etwas, das sie verstehen. Seit in der Politik die Klügeren nun wohl endgültig nachgegeben haben, regieren uns Sportfreunde wie ich und du. Sie wollen nicht denken, sie wollen rufen. Was sie da in ihrem kleinen Bonner Wasserwerk an Zwischenrufstärke bewiesen haben, das schreit einfach zum Himmel über einem Olympiastadion. Unsere Volksvertreter brauchen eine größere Öffentlichkeit, nachdem sie das intellektuelle Niveau von Hooligans endlich erreicht haben. Also rein intellektuell steht einem Umzug des Bundestages in das Olympiastadion nichts mehr im Wege.

Die Regierung wird sich gewiß nicht zieren, die Verantwortung für die Austragung der Olympischen Sommerspiele zu übernehmen, wenn das Volk nur endlich bereit ist, die Kosten zu übernehmen. Natürlich ist unser Sportsfreund Theo Waigel viel zu sensibel, um uns eine Olympiasteuer zuzumuten. Er wird es gewiß bei einem Solidarbeitrag bewenden lassen, der dann auch garantiert zeitlich begrenzt nur bis zum Jahre Dreitausend erhoben wird, wenn nämlich alle Olympiaschäden in Berlin beseitigt sein werden.

Wie gesagt, wir haben im Moment gar keine Sorgen in Berlin, und das muß endlich anders werden. Deshalb brauchen wir hier nichts dringender als diese Spiele.

IM HERZEN DER DEUTSCHE ...

Im Herzen die Mauer uns Deutsche vereint.
Der Schwabe schreit auf, wenn ein Sachse erscheint.
Wir streiten um Boden, um Hab und um Gut.
Dem Polen dagegen liegt's Feilschen im Blut.

Wir pflegen die Einheit im Ausland und hier
im Kampf gegen alle, die – anders als wir –
nicht deutsch sind und deshalb auch niemals verstehn,
wie Bayern mit Preußen zu Hause umgehn.

124

Im Herzen schon sauer, wenn sächsisch erklingt,
der friesische Bauer die Mistgabel schwingt.
Doch geht's gegen Russen, dann hat uns der Feind
im Handumdrehn wieder ganz friedlich vereint.

Im Herzen der Deutsche zu Einigkeit neigt,
sobald sich der Feind überm Tellerrand zeigt.
Wie einig wir hinter dem Vaterland stehn,
das sieht man, sobald man uns sagt: Gegen wen!

WO DER OSTEN NOCH LACHT

Den letzten richtigen Ostwitz habe ich im November 1989
gemacht, als überall auf DDR-Straßen Demonstranten riefen: »Wir sind das Volk!« und »Wir bleiben hier!« Ich behauptete einfach, die alten Herren des Politbüros hätten in
Wandlitz eine Gegendemo unter derselben Losung gemacht. So einfach war das damals. Dann lief noch einmal
ein einsamer Humorist beim demonstrierenden Volk mit
und hatte ein Schild um den Hals: »Ich bin Volker!« Das
war auch noch ganz komisch.
Schließlich kam dann die institutionalisierte Freiheit mit
all ihren Durchführungsbestimmungen zu uns, und keiner lachte mehr. Wir gewannen die Freiheit und verloren
den Humor. Und gerade den könnten wir in einer Demokratie, wie wir sie übergezogen bekommen haben, genauso gut brauchen wie einst in der abgelegten Diktatur.
Über die von Politikern an uns vollstreckte Realsatire zu lachen, fällt schwer. Der einzige Witz daran ist ja, daß es sich
dabei um von uns frei und geheim gewählte Politiker handelt. Für Honecker konnten wir nichts. An Kohl sind wir
selber schuld.
Daß demokratisch gewählte Politiker in letzter Zeit immer
häufiger mit Eiern und Tomaten beworfen werden, beweist
ja nur unsern tristen Mut zu totaler Humorlosigkeit. Die

Witze von gestern trafen besser als Eier und Tomaten von heute. Ein bekleckerter Kanzler ist noch lange nicht komisch. Und wir, die wir aus einer Mangelwirtschaft kommen, wissen doch auch: Eier gehören in die Bratpfanne, nicht auf Politikerwesten.

Aber Witze machen kann man in Fremdsprachen erst, wenn man sie wirklich beherrscht. Und Westdeutsch ist vorläufig noch eine Fremdsprache für uns, und da radebrechen wir eben mit Eiern und Tomaten statt mit Witz. Aber wenn wir erst richtig Westdeutsch mitreden, dann wird der Ostwitz auch wiederkommen.

DEUTSCHER HUMOR IST, WENN MAN ÜBER ANDERE LACHT

Es gibt auf der Welt so vieles, was man nicht für möglich halten möchte – französisches Sauerkraut, englisches Bier und deutschen Humor. Was diese drei an sich so unterschiedlichen Dinge vereint, das ist ihre Ungenießbarkeit. Nun ist es mir bisher ganz gut gelungen, sowohl dem englischen Bier als auch dem französischen Sauerkraut aus dem Weg zu gehen. Und es müßte doch mit der europäischen Union zugehen, wenn das nicht auch in Zukunft möglich wäre. Dem deutschen Humor hingegen entgeht in unserem wiedervereinigten Vaterland mit seinen noch längst nicht vereinten zwei Muttersprachen so leicht keiner.

Ist das nicht umwerfend komisch, daß manche Leute hier noch immer von Plaste und Elaste sprechen, obwohl Schkopau längst Pleite gemacht wurde. Deutscher Humor findet überall da statt, wo der Klügere nicht nachgibt, sondern den weniger Klugen für dumm verkauft. Die Dummen kommen und gehen, der deutsche Humor hört nicht auf, auf seiner Überlegenheit zu bestehen.

Der sofort an seinem besonders reinen Hochdeutsch zu erkennende Schwabe käme sich ja ganz und gar humorlos

126

vor, könnte er sich nicht über den primitiven Singsang sächsischer Urlaute mokieren. Daß Ulbricht ein Sachse war, das wußte man ja. Aber daß auch nichtkommunistische Sachsen immer noch wie Ulbricht reden, das ist doch zu komisch.

Humor ist im Deutschen zwar ein Singularetantum, er gibt sich aber pluralistisch. Außer den Sachsen kennt er noch die Schwiegermütter, die Ostfriesen, die Mantafahrer, die Ossis, die Wessis und die Brillenträger. Seine Objekte sind sterblich, der deutsche Humor aber ist nicht tot zu kriegen. Er tötet selbst auch nicht, er will nur verletzen, das allerdings vorsätzlich. Deutscher Humor ist eine Kampfsportart, die grundsätzlich an Schwächeren vollstreckt wird. Da kommt Freude auf in ihrer deutschesten Form – als reine Schadenfreude nämlich. Wer den Schaden hat, dem wird es der deutsche Humor schon besorgen.

Als die Wessis mir ihre sprühenden Ossiwitze über mich und meinesgleichen erzählten, konnte ich manchmal sogar mitlachen. Das war allerdings die reine Wiedersehensfreude. Schließlich kannte ich die neuen Ossiwitze alle schon als alte Sachsen- oder Ostfriesenwitze. Das war das humoristische Erbe unserer deutschen Spaßmacher-Nation.

Was ich dann als Wessiwitz las, kannte ich auch schon, konnte aber gerade deshalb nicht darüber lachen. Das war der Stoff, aus dem zu Nazizeiten in Deutschland die Judenwitze gemacht waren. Grundtenor. Ein guter Wessi ist ein toter Wessi! Ich weiß nicht, ob diese Witze wirklich erzählt worden sind. Ich kenne sie nur gedruckt. Und gedruckt wird ja heutzutage so gut wie alles. Das mußte man also nicht so ernst nehmen, wie es vielleicht gemeint war. Daß der ostdeutsche Stammtisch von besseren Eltern wäre als der westdeutsche, habe ich schon immer bezweifelt.

Deutscher Humor jedenfalls lebt gewöhnlich davon, daß er den anderen nicht leben läßt. Er ist ja auch nur eine Unterabteilung des allgemeinen deutschen Kopfschüttelns über alles, was wir nicht kennen, also nicht mögen. Und der deutsche Ernst ist dem deutschen Humor in diesem Punkt wesensverwandt.

Wenn ich recht habe (und daß ich das habe, steht ja wohl außer jeder deutschen Frage), dann können die anderen nur unrecht haben. Das Recht aufs Rechthaben ist ein zutiefst deutsches Gedankengut. In der DDR wurde noch gesungen: Die Partei, die Partei, die hat immer recht. Das war in seinem Ernst von ganz besonderem Humor. Ich habe lange Zeit gebraucht, um zu erkennen, daß das keine böswillige Parodie war, sondern der tiefe Ernst alter Männer, die, indem sie sangen, sich auch gleich selbst für die allein rechthabende Partei hielten.

Die DDR war ein kleines, sehr deutsches Land. Die landeseigene Dummheit war zugleich überschaubar und unübersehbar. Ihr Humor bestand in dem unglaublichen Ernst, mit dem auch noch die absurdeste Überlegenheitsbehauptung zur wissenschaftlichen Weltanschauung erklärt wurde. Das war auf eine sehr deutsche Art komisch, auf eine unfreiwillige nämlich. Heute ist das zwar nicht so sehr anders, aber es ist umgekehrt. Heute haben wir zwei und eine halbe Partei, die seit über vierzig Jahren auf ihren drei Großbuchstaben sitzen und längst das, worauf sie sitzen, für den Nabel der Demokratie halten.

Nein, mit der SED haben sie nichts gemein als diesen deutschen Anspruch aufs alleinige Rechthaben. Und sie verwechseln – nicht zum erstenmal in der deutschen Geschichte – das Bekämpfen mit dem Verteufeln. Mit Teufeln diskutiert man nicht! Teufel treibt man aus! Und so zeigen sie mit vereintem Finger auf das teuflische Nachfolge-Ei des alten SED-Kuckucks. Mal werfen sie dem Kuckuck das Ei vor, dann wieder dem Ei den Kuckuck.

Es gibt gewiß viele Gründe, die PDS nicht zu wählen. Ich habe das bisher auch nicht getan. Aber drei Gründe gibt es, die mich diesmal schwanken lassen: CDU, SPD und FDP.

128

VOM ICH ZUM WIR

Wenn die Angst nicht wär, wär ich gut.
Doch die Angst vor der Angst macht mir angst.
Und dann krieg ich vor Angst plötzlich Mut,
und dann schlage ich einfach dazwischen
und krieg Angst, daß sie mich mal erwischen.
Darum such ich nach Leuten wie mir –
denn ich bin nicht stark, aber wir.

Daß ich Mann bin, das hilft schon sehr.
Denn die Angst vor der Frau macht mir angst.
Schließlich braucht man die Frau zum Verkehr.
Aber sonst soll man sie besser meiden.
Doch allein kann ich mich ja nicht leiden.
Also such ich nach Männern wie mir –
denn ich bin nicht stark, aber wir.

Daß ich deutsch bin, das find ich gut.
Doch die Angst vor dem Fremden macht angst.
Und aus Angst krieg ich dann diese Wut.
Liegen die uns denn nicht auf der Tasche?
Also greif ich zu Knüppel und Flasche,
und dann schlage ich zu wie ein Tier –
denn da schlag nicht ich, sondern wir.

Wenn die Angst nicht wär, wär ich ich.
Doch die Angst vor mir selbst macht mir angst.
Schlage ich nicht, dann schlagen sie mich.
Schlagen sie nicht den Blick vor uns nieder?
Diese Angst, die erkenn ich doch wieder.
Diese Angst macht den Fremden zum Tier.
Das weiß ich doch schließlich von mir.

DAS ANGESCHLAGENE DEUTSCHE WESEN KANN NUR IM VEREIN GENESEN

Der Deutsche ist am besten in einem Verein aufgehoben. Schon deshalb bin ich für jede deutsche Vereinigung. Im sozialistischen Vereinswesen der DDR blieb ich immer nur draußen, und diese DDR blieb vierzig Jahre lang bestehen. Aus dieser Geschichte habe ich gelernt: Jetzt bin ich bereit, überall einzutreten. Vielleicht geht's diesmal ein bißchen schneller.

Wer mit sich selbst nicht fertig wird – und wer wird das heutzutage noch? –, tritt einem Verein bei, um wenigstens mit den anderen fertig zu werden. Denn was uns Deutsche vor allem vereint, das ist ja nicht die Liebe zum eigenen, sondern der Haß auf den fremden Verein. Hasse deine Nächsten wie dich selbst, weil es ja doch mit der nächsten Liebe wieder nicht klappen wird. Liebe erkaltet. Haß aber erwärmt. Deutscher Haß – das wissen wir aus der Geschichte – kann bis zur Verbrennung führen.

Mut wird dem Deutschen gewöhnlich nicht in die Wiege, sondern erst in das Vereinsstatut gelegt. Deutscher Mut ist Gruppenmut. Vereint sind wir stark, weil wir einzeln so schwach sind. Des Deutschen Lieblingszahl ist die Überzahl. In ihr findet er zu seiner natürlichen Überlegenheit. Der deutsche Überzahlmensch fürchtet sich nicht vor den fremden Unterzahlmenschen. In der Gruppe rächen wir uns für alles Unrecht, das wir als einzelne erdulden. Wir Ostdeutschen haben in kürzester Zeit bewiesen, daß es nur ein kleiner Schritt ist vom sozialistischen Kollektiv zu einer schlagenden Verbindung. Auch der letzte ostdeutsche Hasenfuß wird zum gesamtdeutschen Löwenmaul, wenn man ihm an die Vereinsehre geht. Als Mensch muß er sich hier und da schon gefallen lassen, ein Schlappschwanz genannt zu werden. Als Mitglied der Vereinigung deutscher Eunuchen e.V. läßt er sich nichts mehr gefallen.

Wo die deutsche Gemütlichkeit beginnt, beim Verein nämlich, da hört die Feigheit auf. Je kleiner der Verein, desto
lauter singt er: Wir sind die stärkste der Partei'n! Denn deutsche Stärke ist immer und vor allem auch Lautstärke. Den
deutschen Wald erkennt man daran, daß in ihm laut gesungen wird, gerade so wie im deutschen Keller und im
Deutschen Bundestag.
Dieser deutsche Bundestag ist Sinnbild deutscher Vereins-
tätigkeit. Hier wird mit Worten aufeinander eingeschlagen,
ohne daß dies eine Bedeutung haben muß. Hier wird das
Wort von den Rednern ergriffen, um dann mit ihm umzu-
gehen wie die Polizei mit einem ergriffenen Verbrecher.
Also nicht gerade sehr fein. Die tägliche Wortdrohung
gehört zum Geschäft. Daß auch Worte töten können, wurde hier erst kürzlich bewiesen. Aber Zwischenrufmord ist
ja nunmal kein Straftatbestand und wird höchstens mit Be-
dauern bestraft.
Viele Bundestagsdebatten beweisen es: Hier hat man überhaupt nichts gegen Andersdenkende. Hier hat man etwas
gegen Denkende. Natürlich gibt es auch im Deutschen Bundestag noch denkende Abgeordnete, aber die müssen sich
immer häufiger sagen: Ich denke, also bin ich hier falsch!
Die Fünf-Prozent-Klausel bezieht sich eben nicht auf den
Intelligenzquotienten des einzelnen Volksvertreters, sondern auf die Vereinsstärke. Die Stärke eines Vereins aber
hat mit Intelligenz überhaupt nichts zu tun. Das macht ja
die deutsche Vereinsdemokratie so stabil.
Die vorige Bundestagswahl hat es noch einmal sehr ein-
drucksvoll bewiesen: Das deutsche Volk stimmt nicht mit
dem Kopf ab, sondern wirklich mit den Füßen. Daher die
schöne Bezeichnung Fußvolk. Ohne dieses kommt kein
Verein aus. Und da ein Deutscher auch nicht ohne Verein
auskommt, findet sich dieses also immer wieder.
Das Ideal deutscher Vereinspolitik wäre natürlich, wenn jeder von uns seinen Verein hätte. Aber noch liegt die Zahl

deutscher Vereine weit unter der Einwohnerzahl der Bundesrepublik. Wir müssen uns also vorerst damit zufrieden geben, daß zumindest jeder einen Verein hat.

So wurde immerhin erreicht, daß – auch wenn noch nicht jeder Deutsche ein Dach über dem Kopf haben kann – jeder doch zumindest eines im Kopf haben kann. Die ideelle Grundversorgung unserer Bevölkerung ist also gesichert, denn des Deutschen Ideal ist nun einmal der Verein an sich. Und der Glaube daran kann Götter ersetzen. Nun ist in letzter Zeit ein böses Wort in Umlauf gekommen – das Wort von der Vereinigungskriminalität. Wenn ich mir die größeren politischen Vereinigungen ansehe, die sich den Namen Partei verdient haben, so erscheint mir das Wort von der Vereinigungskriminalität ein Pleonasmus zu sein. Wenn Korruption kriminell sein sollte, muß ich bei einer Partei nicht mehr von einer kriminellen Vereinigung sprechen. Dann reicht es, wenn ich den Verein bei seinem Vereinsnamen nenne. Oder würden Sie den Grafen Lambsdorff einen kriminellen Steuerhinterzieher nennen? Steuerhinterzieher reicht doch. Man sollte nicht unnötig verleumden, was von Hause aus schon Flick heißt. Wer denkt heute noch an Flick, wenn er deutsche Politik sagt? Hätten die Geschäfte, die die Parteien mit ihm gemacht haben, Privatpersonen gemacht, so säßen die vermutlich heute im Gefängnis.

Sie sehen also, die politische Vereinigung in Parteien garantiert unser aller Freiheit.

NEUE ZEITEN, ALTE ZEITEN

Nichts erscheint uns so vielversprechend wie der Anbruch einer neuen Zeit, mit der Frischegarantie einer unbegrenzten Haltbarkeit versehen. Und nichts altert so schnell wie eben diese neue Zeit. Je mehr wir ewig-alten Menschen uns von so einer neuen Zeit versprechen lassen, desto schneller sind wir enttäuscht von ihr. Und dann beginnen wir uns eben wieder nach der alten Zeit zu sehnen, der guten alten Zeit. Neue Zeiten kommen und gehen, die gute alte Zeit bleibt bestehen.

Mögen wir heute auch noch laut und freudig singen: »Mit uns zieht die neue Zeit!«, irgendwann – und zwar in absehbarer Zeit – werden wir um so enttäuschter feststellen: »Unterm Kaiser war alles besser.« Oder – wie wir heute im Osten etwas vorsichtiger, aber nicht weniger enttäuscht sagen: »Es war nicht alles schlecht in der DDR.«

Ähnliches behaupteten schon unsere Eltern – wenn ich mich recht erinnere – von einem gewissen Hitler. Aber den können wir jetzt getrost »außen vor lassen«, wie es so schön auf westdeutsch heißt. Denn mit den Erichs werden die Adolfs ja nun endgültig ausgetrieben. Schließlich hatte Hitler seinem begeisterten Volk auch nur tausend Jahre Neuzeit versprochen, während vor und nach ihm den neuen Zeiten keine so engen Grenzen gesetzt wurden.

Jener alte Kaiser hatte, lange bevor er der gute alte Kaiser wurde, seinem ebenfalls begeisterten Volk einfach verkündet: »Ich führe euch herrlichen Zeiten entgegen.« Ohne jedes Verfallsdatum also. Ähnlich vielversprechend klang dann »Dem Morgenrot entgegen«, nicht zu verwechseln mit dem alten Weihnachtslied »Morgen, Kinder, wird's was geben«.

In der DDR schließlich wurde einem weniger begeisterten, aber im großen und ganzen doch folgsamen Volk versprochen, daß die Sonne schön wie nie über Deutschland scheint. Beim vorläufig letzten Ausbruch einer neuen Zeit versprach uns unser oberster Neuerer mit der ihm eigenen Glaubwürdigkeit blühende Landschaften. Gemeinsam ist all diesen großen Versprechen der Neuzeit ihre Naturverbundenheit, vom herrlichen Morgenrot über die schön wie nie scheinende Sonne bis zur Landschaftsblüte.

Neue Zeiten scheinen grundsätzlich einherzugehen mit

besseren Wettervorhersagen. Die Hoffnung auf dieses besser Wetter hat sich in Deutschland zwar noch nie erfüllt, scheint aber auch nie ganz aufgegeben zu werden. Immer wieder blüht uns was oder scheint vom Himmel hoch dem Volke ein Wohlgefallen.

Dann aber folgt der erste Tiefausläufer, und schon stehen wir im Regen und wundern uns, daß die Wunder nicht länger dauern. Nirgendwo fließen – wie immer wieder versprochen – Milch und Honig, überall nur Schweiß und Tränen. Das gesamtdeutsche Hoch dauerte nur so lange, bis die erste Strophe des Deutschlandliedes gesungen war. Auch der deutsche Vereinigungstaumel war wie jedes happy end nur der Anfang einer unendlich traurigen Geschichte. Die Talsohle ist nun endlich erreicht, aber noch längst nicht durchschritten. Sie dürfte wohl der neue Wirtschaftsstandort Deutschlands werden.

In der DDR sagten wir: »Alles wird schöner, aber nichts wird anders.« Nun ist vieles anders geworden, aber nur wenig ist auch schöner. Manches ist sogar weniger schön.

Angesichts so vieler neuer Zeiten, die ein Volk im Laufe seiner Geschichte erlebt, bleibt ihm einfach nur immer wieder die Sehnsucht nach der guten alten Zeit. Das Beruhigende an so einer guten alten Zeit ist ja, daß sie bestimmt nicht wiederkommt, während man vor neuen Zeiten nie ganz sicher sein kann. Man sollte wohl jeder neuen Zeit nur soviel Vertrauen entgegenbringen wie dem Wetterbericht. Und wenn zehnmal Sonnenschein angesagt wird: Nehmen Sie den Regenschirm ruhig mit!

ALIBI SEIN UND ALIBI HABEN

Mein Gott, jetzt hat sie ihn – die deutsche Justiz ihren Honecker, und wir sind ihn endlich los, unsern bösen alten Staatsratsvorsitzenden. Er, der einst gut bewacht auf Schloß Hubertusstock saß, wenn die frei gewählten Volksvertreter einer schon immer freien Welt von ihm empfangen zu werden wünschten, er sitzt jetzt – wieder gut bewacht – in seiner Zelle in Moabit und wartet wohl vergeblich darauf, daß unser aller Kanzler, der ja nun auch sein Kanzler geworden ist, bei ihm zum Gegenbesuch auftaucht. Daß der Kanzler sich noch zurückhält, hat mit seinem feinen Gespür für die ostdeutsche Mentalität zu tun. Schließlich hat er unseren Honecker nicht für sich, sondern zuerst einmal für uns ostdeutsche Brüder und Schwestern heimholen lassen. Mit Honecker bekommen wir nun endlich den Teil von unserem Selbstbewußtsein wieder, den man braucht, um sich selbst von allem Unrecht freisprechen zu können. Er ist unser aller allerliebstes Alibi. Dieser eine Honecker, vor dem einst alle zitterten, zittert nun endlich für alle.

Wie wir inzwischen erfahren durften, war ja selbst das Politbüro der SED mit von der Zitterpartie DDR. Nicht wegen ihres hohen Alters zitterten sie an ihrer greisen Parteispitze, nein, aus Angst vor dem hohen Alten, der da allein mit ruhiger Hand schaltete und waltete. Im Gegensatz zu unserem weisen Kanzler am Wolfgangsee, der seine Verantwortung ganz in die Hände der Geschichte gelegt hat, muß sich das schwarze Schaf Honecker vor einem ganz und gar gegenwärtigen Gericht verantworten. Es gibt also doch schon hier auf Erden eine höhere Gerechtigkeit für die ganz Hohen, wenn sie nur erst wieder ganz unten sind.

Wenn wir aber nun ganz gerecht sein wollen – und wer wollte das nicht in einem Rechtsstaat - , so müssen wir wohl auch zugeben, daß dieser eine Honecker nicht nur unser aller willkommenes Alibi in der Zelle ist, sondern daselbst auch eines hat. Denn das, wofür er nun verurteilt werden soll, für diesen ganzen Unrechtsstaat DDR, dürfte er seines Wissens gar nicht erlebt haben. Selbst seine engsten Zwangsmitarbeiter im Politbüro haben ihm immer wieder bescheinigt, worauf er sich jetzt berufen kann: den totalen

Realitätsverlust. Nein, mit der DDR-Realität hatte er wirklich nichts zu tun, das können die sechzehn Millionen Opfer ihrem einen Täter bestätigen.

So, wie er jetzt den ganzen Rechtsstaat nur von seiner Zelle aus erleben kann, erlebte er sein ehemaliges Unrechtssystem von der Festung Wandlitz aus. Und Wandlitz hatte mit der DDR nur eines gemeinsam – die beide Einrichtungen umgebende Mauer. So wie uns diese Mauer den Blick in den Westen versperrte, so versperrte die Wandlitzer Mauer ihm den Blick in den Osten. Und wenn er sich mal in dringenden Regierungsangelegenheiten in die Niederungen unseres Landes begab, dann wurde ihm ausschließlich sein Bild von der DDR gezeigt. Und das war schön. Es hatte mit unserem Bild so wenig zu tun, wie der Aufschwung Ost mit der Bonner Perspektive darauf.

Und wir spalierstehenden DDR-Bürger von einst standen so unter seinem Druck, daß wir unsere jubelnde Zustimmung einfach nicht unterdrücken konnten. Denn hätte er ein schlechtes Bild von uns bekommen, hätte er den Druck ja nur zu verschärfen brauchen, und schon hätten wir noch lauter jubeln müssen. Also keiner von uns jubelte freiwillig, wenn er seinem Staatsratsvorsitzenden unter die Augen trat, aber alle jubelten doch zwangsläufig, sobald er auftauchte. Der von ihm – gewissermaßen unbewußt – ausgeübte Druck auf uns alle fand in unserer jubelnden Zustimmung sein Ventil.

Gerade diese ungeteilte Zustimmung aber ist es, die wir ihm jetzt nicht verzeihen können. Daß so viele von uns seinerzeit auch dem Kanzler zugejubelt haben, als sein Kopf – zur harten D-Mark geronnen – in unser aller Herzen Einzug hielt, das können wir ihm nicht mehr vorwerfen. Schließlich übte Helmut Kohl keinen Druck auf uns aus. Im Gegenteil – er selbst gab nur dem Druck der Straße nach. Und so wie sich jetzt der Druck der Straße an denen rächt, die ihn ausübten, am Volk nämlich, so möchte sich dieses

136

Volk jetzt auch einmal an dem rächen, der einst jenen Jubel auslösenden Druck auf eben dasselbe Volk ausgeübt hatte. Wenn endlich einmal ein konkreter Politiker zur Verantwortung gezogen werden kann, dann weicht vielleicht auch die allgemeine Politikverdrossenheit.

An Honecker kommen wir jetzt vielleicht ran, ob an Kohl einmal die Geschichte herankommen wird, kann nur dieselbe entscheiden. Also, wenn der Kohl schon auf dem Dach bleibt, dann wollen wir wenigstens den Honecker in der Hand haben. Einmal einen Mächtigen so richtig ohnmächtig sehen, das läßt einen alle eigene Ohnmacht wenigstens für einen historischen Augenblick vergessen.

BRUDER HONECKER

Wer hätte gedacht, daß einer wie ich einmal einem wie ihm einen Nachruf schreiben dürfte – der Satiriker dem Staatsoberhaupt. Solche Schmach erfährt wohl auch der kleinste Diktator nur, wenn er vorher gestürzt worden ist. Nun ja, im eigentlichen Wortsinn erfährt er es ja auch gar nicht mehr. Ich spreche hier von Atheist zu Atheist.

Mein Nachruf gilt den Hinterbliebenen, also auch mir, einem von sechzehn Millionen ehemaligen DDR-Bürgern. Wir sind die Konkursmasse des eingegangenen Unternehmens, das er – wenn schon nicht mit unserer Billigung, so doch mit unserer Duldung – so lange geleitet hat. Ich gebe zu, ich habe ihm seinerzeit, wie andere auch, oft den Tod gewünscht, weil nur sein Tod Veränderung im ewigen Mief dieses Arbeiter- und Bauernstaates erhoffen ließ. Die biologische Lösung nannten wir das damals zynisch, als wir nicht zu hoffen wagten, daß dieses Staatsvolk der Mitläufer – ich auch – sich jemals zu zivilem Ungehorsam nach östlichem Vorbild durchringen würde.

Kurz bevor sich dieser zivile Ungehorsam im ganzen Volk durchgesetzt hatte, war Honecker von seinen engsten Mitläufern im Politbüro schon in vorauseilendem Ungehorsam gestürzt worden. Mit ihm war der Schuldige an allem, was wir erduldet hatten, gefunden, und nun wollte Krenz uns grüßen als Reformpatriot und Wendeheld. Kein unschuldiger Kampfgenosse bot damals dem einen schuldigen Diktator auch nur Asyl an. Ja, die von ihm einst berufene Justiz erwählte ihn sofort zum Angeklagten und verfolgte Honecker bis ans Krankenbett. Das Wort Justizirrtum erwies sich wiedermal als reine Tautologie. Daß sich der vom Generalsekretär zum einfachen Nichtmehr-Genossen degradierte Honecker dieser Justiz durch Flucht zu entziehen versuchte, verstand ich nur zu gut. Führer sind nur sehr selten mutiger als die Geführten, sobald sie die Führung verloren haben. Ich empfand zum erstenmal tiefes Mitgefühl mit ihm und die alte Verachtung für meinesgleichen, die nur zu gern dahin treten, wo sie vorher hineingekrochen waren.

Dem kleinen Bruder Honecker blieb schließlich nur noch die Flucht zum großen Bruder. Aber aus dem ewigen Bruderbund war inzwischen eine Rette-sich-wer-kann-Bewegung geworden, und so blieb dem ehemaligen DDR-Bürger Honecker nur übrig, was anderen DDR-Bürgern vorher übrig geblieben war – die Flucht in eine westliche Botschaft. Ihm verhalf diese Flucht aber nicht mehr in die Freiheit. Schließlich war er vor keiner Diktatur davongelaufen, sondern vor dem nun endlich gesamtdeutschen Rechtsstaat, der in seinem Falle offensichtlich nicht Rente, sondern Rache wollte. Rache für ein von tiefen Unschuldsgefühlen aufgewühltes Ostvolk, dem der Rechtsstaat nun endlich mal beweisen wollte, daß er nicht nur mit den kleinen Mauerschützen, sondern auch mit dem großen Staatsratsvorsitzenden fertig würde.

Daß dieser Staatsratsvorsitzende a.D. schon sehr alt und sehr krank war, konnte für die Justiz nur bedeuten, daß sie ihm kurzen Prozeß machen müßte. Daß er während dieses Prozesses in einem Gefängnis untergebracht war, in das ihn schon einmal eine andere deutsche Justiz gesperrt hatte – mein Gott, eine gewisse Kontinuität kann man deutscher Justiz eben nicht absprechen. Klar war ja ohnehin, daß es sich nur noch um einen symbolischen Prozeß würde handeln können, mit einem symbolischen Angeklagten und einem symbolischen Urteil. Im Namen eines symbolischen Volkes. Schließlich hatten die Mediziner herausgefunden, was die Juristen nicht glauben wollten, – Honeckers Lebenszeit war schon so begrenzt, daß man ihn ohnehin zu nichts mehr verurteilen konnte, womit er zu bestrafen wäre.

Ich bin dem Rechtsstaat dankbar, daß er wenigstens die Medizin das sein läßt, was der Justiz so schwer zu fallen scheint – human. Die Medizin schließlich bewahrte diese Justiz und uns alle vor dem Irrtum, mit der Verurteilung des EINEN alle anderen freisprechen zu können.

Im deutschen Justizvollzug wäre vermutlich ein Märtyrer gestorben. In Chile starb ein alter Mann und nicht mehr.

WIE SIEHT DAS FERNSEHEN DER ZUKUNFT AUS?

Das Fernsehen der Zukunft wird neben den großen Werbeblöcken zur Hauptsendezeit und den alltäglichen Wahlkampf-Zweistundenspots unserer Parteien den gesprochenen Kurz-Krimi durchaus senden. Tagesschau- und Heute-Kurzmeldungen werden wohl auch im Jahre Zweitausend noch im Vorabendprogramm zwischen Haribo- und Nescafé-Spielfilmen eingestreut sein.

Das Gesicht des Kanzlers wird, damit die Deutschen nie vergessen, wer sie so unvergeßlich regiert, allnächtlich zwischen Tutti-Frutti und Männermagazin eingeblendet. Auch unsere Privatsender werden also ihrer Informationspflicht weiterhin stumm nachkommen. Darüberhinaus hat Herr

Mertes eine monatliche Kanzler-Seifenoper geplant: Wie antwortet unser Kanzler auf Fragen, die kein Journalist mehr zu stellen wagt, also Fragen mit einem Fragezeichen? Der Kanzler reicht vor jeder Sendung seine Antworten ein, und die schönsten und originellsten Fragen der Journalisten werden dann von Helmut Kohl persönlich mit einem Lächeln prämiert.

Im künftigen Fünf-Sekunden-Bericht aus Bonn wird Ernst-Dieter Lueg einmal wöchentlich zeigen, wie er zu Norbert Blüm aufzusehen vermag. Journalismus als akrobatische Bückübung. So wird auch die politische Sendung endlich ihren Platz innerhalb der Sportschau finden. Denn der Fußball ist von den Privatsendern aufgekauft worden. Alles, was noch an einen Ball erinnert, unterliegt im öffentlich-rechtlichen Fernsehen der privaten Kontrolle von Kirch und Thoma, die das Senderecht für den deutschen Ball ein für allemal aufgekauft haben.

Aus den Tagesthemen wird ein ausführlicher Wetterbericht, den Ulrich Wickert im Wechsel mit Sabine Christiansen mit schelmisch-kritischem Blick weiterhin ankündigen, aber nicht mehr kommentieren darf. Damit soll auch die Ausgewogenheit des Wetterberichts garantiert werden. Allzu schlechtes Wetter wird grundsätzlich nicht mehr gesendet, allzu schönes natürlich auch nicht. Der Bundesbürger hat Anspruch auf ausgewogene Temperaturen, soweit sie öffentlich-rechtlich mitgeteilt werden. Die Privatsender können sich allzu schlechtes Wetter ohnehin nicht leisten, da sie sonst ihre Werbeeinnahmen gefährden.

Auslandsberichterstattung bleibt dem hierzu ausgewählten Ausland vorbehalten. Nachrichten und Kommentare aus sicheren Drittländern werden von deutschen Sendeplätzen abgeschoben. Welche Länder als sicher gelten, entscheidet der Rundfunkrat, der direkt der Frau des Kanzlers unterstellt ist. Sie weiß am besten, was der Kanzler sehen will. Das alljährliche Sommerloch kommt nach wie vor aus Österreich und zeigt ganztägig den Kanzler mit seiner Gespielin, einer bunten Kuh vom Wolfgangsee. Den Kanzler selbst beim Baden zu zeigen, hat die freiwillige Selbstkontrolle des deutschen Presserates abgelehnt. Der Fleischberg des Gemeinsamen Marktes hingegen darf nach wie vor gezeigt, aber nicht mehr kommentiert werden. Wie überhaupt das Wort in unseren Medien nur noch im Notfall angewendet werden soll, also bei etwaigen Hilferufen, bei Vermißtenanzeigen usw. Was Goethe seinen Mitkünstlern sagte, nämlich: »Bilde Künstler, rede nicht!«, das sagt der Rundfunkrat nun endlich auch seinen Journalisten. »Zeigt Bilder, kommentiert nicht länger!« Denn jeder Kommentar droht zur Meinungsäußerung zu verkommen und widerspricht dem Ausgewogenheitsprinzip deutscher Medienpolitik. Wenn einer eine Meinung hat, so kann er sie ja den Privaten verkaufen. Im öffentlich-rechtlichen Sendebereich kommentiert künftig nur noch der Regierungssprecher. Kritik darf weiter geübt, aber nicht mehr gesendet werden.

Gerd Ruge ist in Rente gegangen, aber Heino singt weiter. Damit ist ein alter Wunsch unseres Kanzlers in Erfüllung gegangen. Wann auch Wickert und Pleitgen in Rente gehen, hat der Kanzler noch nicht entschieden. Sicher ist bisher nur, daß er den Wunsch geäußert hat, Sabine Christiansen durch Carolin Reiber zu ersetzen.

Aber noch ist des Kanzlers Wunsch nicht jedermanns Befehl. Wie der Kanzler hierzu bemerkte: »Ich kann den Nowottny nicht leiden!«

Obwohl sich die Opposition längst dazu durchgerungen hat, ihrem Kanzler die Wünsche von den Augen abzulesen, gibt es doch immer wieder Pleiten, Pech und Pannen, weil Klose und Scharping sich nicht einigen können, wer dem Kanzler als erster den nächsten Wunsch erfüllen darf. Der Streit um den ersten SPD-eigenen Blauhelm tobt bereits im Parteivorstand. Gottschalk will in seiner nächsten »Wetten daß«-Sendung den gesamten SPD-Vorstand unterm Blauhelm zeigen. Und so, wie zwischen Regierung und Opposition nicht mehr das Was, sondern nur noch das Wann umstritten ist, so ist zwischen öffentlich-rechtlichem und privatem Fernsehen nicht mehr umstritten, daß das öffentlich-rechtliche Fernsehen einmal das Niveau der Privaten erreichen wird, sondern nur noch, wann Frau Berghoff die Tagesschau-Nachrichten oben ohne verlesen wird.

Die Tatsachen müssen endlich auch im Öffentlich-rechtlichen nackt gezeigt werden.

Und da die Bundesbürger sich immer mehr vereinzeln, also eine fast reine Single-Gesellschaft bilden, muß wenigstens das Fernsehen dem einzelnen noch ein Bild vom anderen Geschlecht vermitteln. Das ist safer sex ganz ohne Kondom. An der Mattscheibe hat sich noch keiner angesteckt, und wer sich am Bildschirm befriedigt, muß auch nichts Lebendiges abtreiben. Unser Fernsehen leistet so unschätzbare Hilfe beim Schutz des unzeugten Lebens.

Was dieses Fernsehen allerdings noch nicht ganz durchgesetzt hat, das ist sein Gewaltmonopol. Immer wieder kommt es zu Gewalt auf unseren Straßen, obwohl doch im Fernsehen bereits alle nur mögliche Gewalt gezeigt wird; so gezeigt wird, daß man das Gefühl haben kann, ganz und gar dabei zu sein. So tut das Fernsehen doch wirklich alles, um der Gewalt den Geruch des Verbotenen zu nehmen. Trotzdem gehen immer wieder Leute auf die Straße und tun dort das, was das Fernsehen nur zur Ansicht, nicht aber zur Nachahmung gesendet hat. Und das, obwohl die Gewalt im Privatfernsehen längst keinen Sendeschluß mehr kennt. Die Grundversorgung ist also jederzeit gewährleistet. Die Nachahmung im Leben geschieht völlig grundlos, ist also nicht zu erklären. Sollte der deutsche Gewalttäter seine tägliche Gewalt nicht nur im Fernsehen, sondern auch im Leben benötigen?

In diesem Falle sind Blauhelmeinsätze auf allerlei Abenteuerspielplätzen dieser Welt ein denkbarer Ausweg. Denn da wäre diese Gewalt endlich wieder uniformiert, ginge also vom Staate aus und fände nicht mehr im eigenen Lande statt. Das Fernsehen könnte von unseren Jungs bei den Kanaken berichten, und die deutsche Mutter könnte wieder stolz auf ihren Sohn sein, der nicht weiter auf deutschen Straßen Neger aufklatscht, sondern bei den Fidschis die westliche Freiheit einführt. So könnte dann auch das deutsche Fernsehen endlich wieder ein besseres Deutschlandbild ins Ausland werfen.

Die Waffenhändler müßten ihre armen Waffen nicht länger mit und ohne Hilfe des BND ins Ausland schmuggeln, sondern dürften sie mit Blechmusik und Freibier verabschieden. Die Zeit der Kriege, namentlich der Bürgerkriege wäre endlich vorbei, denn überall, wo noch Krieg herrschte, kämen unsere Jungs und machten aus dem schmutzigen Gemetzel eine saubere Befriedungsaktion. Unser Verteidigungsminister würde sie besuchen, immer mal wieder fernsehgerecht stolpern und dann – wie der deutsche Soldat – aus eigener Kraft wieder aufstehen.

Dann könnten Radio und Fernsehen endlich wieder senden, was alle hören und sehen möchten: das Wunschkonzert für unsere Jungs im Feld beziehungsweise in der Dritten Welt.

WIR SIND ALT ...

Wir sind alt, die Welt steht offen –
oh, du teure, freie Welt!
Sind vom Fernweh ganz besoffen
und vom neuen harten Geld.
Opa, laß den Kopf nicht hängen,
kannst ja jetzt Neapel sehn
und dann sterben, frei von Zwängen –
wir sind alt, und das ist schön!

Zwar spricht keiner italienisch.
Auch französisch könn' wir nicht.
Doch das kümmert uns nur wenisch,
weil die D-Mark für uns spricht.
Wo der Vati einst im Krieg war,
durften wir jetzt bummeln gehn.
Ob's nicht doch ein deutscher Sieg war?
Wir könn' deutsch, und das ist schön!

Wir warn weg. Da samma wieder.
Ja, wir sind jetzt wieder wer.
Deutsche Heimat, deine Lieder
sangen wir am Mittelmeer.
Dieses war ein deutscher Sommer
in Paris, in Rom, Athen.
Sachse, Preuße und Vorpommer
waren da, und das war schön!

TOURISMUS IST RACHE

Sehn Sie, so sehen wir jetzt aus, wir deutschen Touristen.
Bermudas, Papageienhemd, Videokamera, Gürtelbörse. Einem deutschen Touristen kommt es schon lange nicht mehr
drauf an, daß er was sieht, sondern daß er gesehen wird.
Und daß man ihn hört. Das ist das neue Selbstbewußtsein.
Grade wer so lange nicht durfte wie wir, hat das Bedürfnis,
sich endlich mal so zu zeigen, wie er wirklich ist. Urlaub ist
Rache an den Eingeborenen. Und das müssen die auch
spüren. Wo unsereins auch hinkommt, da kommen kaum
noch Eingeborene vor. Columbus hat Amerika entdeckt,
und wir entdecken eben Mallorca. Da bleibt kein Platz mehr
für Indianer.
Alles, was unsere Fallschirmjäger im letzten Krieg wieder
verloren haben, erobern wir jetzt zurück, und zwar im Bil-
ligflug. Und was für die alten Spanier die Schiffahrt war,

das ist für uns jetzt die Kaffeefahrt. Ich habe in vier Jahren mehr gesehen als mein Kölner Bruder in vierzig Jahren. Paris für achtundneunzig Mark hin und zurück im Bus, – das war schon so etwas wie ein Frankreichfeldzug. Bloß, daß sich die Franzosen gar nicht mehr trauen, Widerstand zu leisten. Ein deutsches Lied, und die sind auf der Flucht!

Am liebsten fahre ich ja dahin, wo's Lamadecken gibt. Da hat man dann die ganze Multikultur zu Hause auf dem Sofa liegen. Seit wir alle Hambörger essen, sind wir eben auch richtige Weltbörger. Also zu Hause im Plattenbau kenne ich ja keine Nachbarn. Aber in der Reisegruppe halten wir zusammen. Da zeigen wir, was deutsche Stärke ist: Gruppenstärke. Mit wem soll man denn im Ausland sonst auch reden? Versteht einen ja keiner! Und wieso sollen wir plötzlich Fremdsprachen anwenden, die wir nie gelernt haben? Für mich gibt's überhaupt nur noch zwei Sprachen auf der Welt – Angelsächsisch und richtiges Sächsisch. Ich spreche das richtige. Und in ein Restaurant, wo ich die Speisekarte nicht verstehe, geh ich erst gar nicht rein. Was ich nicht verstehe, das kann mir doch gar nicht schmecken.

Ahnen Sie, wie sich die eingeborenen Türken, Spanier, und was es im Westen so an Balkanvölkern gibt, wundern, wenn wir Ihnen bei sich mal zeigen, was deutsche Multikultur ist? Seit die uns bei sich zu Hause erleben können, brauchen die gar nicht mehr nach Deutschland zu kommen. Warum kommen denn noch so viele schwarze Neger zu uns? Weil die bei sich noch keinem deutschen Touristen begegnet sind. Erst wenn wir wirklich überall sind auf der Erde, werden wir in Deutschland wieder unter uns sein können. Rein statistisch gibt es zwar viel mehr Chinesen auf der Erde. Aber rein touristisch sind wir denen weit überlegen.

Na gut, Japaner trifft man auch fast überall. Aber die merkt man kaum. Die kommen bloß, um zu fotografieren, still und stumm, wie die sind. Wir fotografieren ja auch, aber doch nicht still und stumm. Schließlich wollen wir uns kein Bild von der Welt machen. Die Welt soll sich jetzt endlich wieder ein Bild von uns machen.

WENN WIR DEN KRIEG VERLOREN HÄTTEN

Wenn wir den Krieg verloren hätten,
erginge es uns Deutschen schlecht.
Denn alle Polen, Russen, Letten,
der ganze Abschaum wär im Recht.

Zigeuner dürften sich jetzt rächen,
weil wir nicht alle umgebracht.
Mal einen Deutschen abzustechen,
das wäre nichts, was man nicht macht.

In engen Sammellagern hockte
das deutsche Volk jetzt ohne Raum.
Der blinde Deutschenhaß frohlockte,
und deutsches Leben zählte kaum.

Der Semitismus würde blühen.
Die Juden würden ihren Stern
auf deutsche Heldengräber sprühen,
und alle Linken sähn das gern.

Faschisten müßten wieder leiden.
Die Kommunisten wärn fein raus.
Sie dürften Postämter bekleiden.
Ganz Deutschland wär ein Armenhaus.

Doch daß wir diesen Krieg verloren,
war Gott sei Dank nur ein Gerücht.
Was wir verlorn, ist das Gedächtnis.
Denn mehr verlieren Deutsche nicht.

ICH DEMONSTRIERE MIT HELMUT KOHL

Wenn sich im heutigen Deutschland irgendwo Linke versammeln, dann kommt die Polizei. Wenn sich Rechte versammeln, kommt die Bevölkerung. Wer aber wird nun kommen, wenn solche Extreme wie Helmut Kohl und ich gemeinsam demonstrieren? Die Polizei wird wohl dasein, obwohl der Kanzler weder ein Linker ist noch Gewalt anwenden dürfte. Und die Bevölkerung wird ihrem Kanzler, wenn schon nicht beim Regieren, so doch wenigstens beim Demonstrieren einmal zuschauen wollen.

Denn da demonstriert ja nicht ein macht- und ratloser Bundesbürger, wie ich es bin, nein, da wird neben mir ein regierender Bundeskanzler seinen Abscheu vor den Folgen seiner Asylpolitik demonstrieren. Hat dieser sensible Kanzler nicht recht, wenn er da von Staatsnotstand spricht? Wenn ein Regierungschef selbst auf die Straße gehen muß, um gegen die Folgen seiner Politik zu demonstrieren, dann kann es sich nur um einen Notstand handeln.

Der Fisch beginnt am Kopf zu stinken, das Volk am Fuß. Politiker zünden keine Asylheime an. Das überlassen sie dem Fußvolk, von dem sie sich nach Belieben voll Abscheu abwenden können. Sie wollen die Asylanten lediglich aus der Verfassung tilgen. Wer sie dann aus dem Straßenbild tilgen wird, ist nicht mehr ihre Sache. Der Kanzler stellt oben die Weichen, die Härten werden unten ausgelebt.

Im übrigen demonstrieren wir ja gemeinsam nur für den Artikel eins unserer Verfassung, und der handelt ausschließlich von der Würde des Menschen. Nur wer Zigeuner und Juden, um nicht gleich Neger zu sagen, auch für Menschen hält, demonstriert ganz und gar undifferenziert auch für die Artikel sechzehn und neunzehn des Grundgesetzes.

Während der Kanzler für das Ansehen der Deutschen draußen in der Welt demonstrieren dürfte, kann es schon

vorkommen, daß der eine oder andere neben oder hinter ihm auch für das Ansehen des Menschen von draußen drinnen in Deutschland demonstriert.
Der rote Peter sozusagen neben dem schwarzen Helmut.
(Zum 9. November 1992)

WIE KANN DER WÄHLER DAS VERTRAUEN SEINER POLITIKER ZURÜCKGEWINNEN?

Indem wir sie immer wieder wählen, und zwar immer wieder dieselben. Jede Veränderung bringt Unruhe und Verwirrung unter unsere Politiker. Und wenn der CDU-Wähler sich plötzlich weigert, seinen Lummer zu wählen, dann muß er sich nicht wundern, wenn dieser zu den Republikanern überläuft und sich da seine Stimmen holt.
Und wer von uns Wählern noch glaubt, selbst mitreden zu können, indem er seine Stimme gar nicht erst abgibt, der wird sich noch wundern, mit wie wenig Stimmen man künftig in Deutschland Wahlsieger sein kann. Mögen die Politiker uns auch das Vertrauen entziehen, regieren werden sie uns weiter. Denn das Selbstvertrauen kann ihnen kein Wähler rauben.
Woher aber sollen diese allein mit Selbstvertrauen ausgerüsteten Politiker noch wissen, was wir wollen, wenn wir weiterhin unberechenbar von dieser zu jener und zum Schluß zu gar keiner Partei mehr wandern? Auf welchen Wähler sollen sie denn noch bauen, wenn sie gar nicht mehr wissen, wer sie überhaupt wählt? Welcher Bundespolitiker fühlt sich denn noch von seinem Wahlkreis vertreten? Von allen guten Wählern verlassen, irren sie einsam durchs kalte Bonn und fühlen sich allein mit ihren Sorgen und Nöten. Der Wähler hingegen, von dem längst bekannt ist, daß er überbezahlt und trotzdem korrupt ist, denkt doch nur an sich. Statt eines Programms oder gar einer Vision hat er nur seinen eigenen Vorteil im Sinn.

148

Bei der zunehmenden Arbeitslosigkeit, von der vor allem unsere Politiker betroffen sind, darf sich der Wähler, der im Warmen sitzt, nicht wundern, wenn ihm diese Politiker zu den Radikalen davonlaufen.

Besonderen Grund aber, das Vertrauen der Politiker zurückzugewinnen, haben die Wähler im Osten. Wer vierzig Jahre lang keinen Kohl wählen durfte, sollte diese Chance endlich nutzen. Die beste Lösung allerdings wäre: Ebenso wie der Bundespräsident wird auch der Bundestag in Zukunft vom Kanzler direkt gewählt.

VOM OKTOBERFEST ZUR OKTOBERREVOLUTION

Als ich mal in München auf den Oktoberwiesen war und dort Volkes unverfälschte Stimme singen hörte, nachdem viel deutsches Bier durch deutsche Kehlen geflossen war, bekam ich leise Zweifel, ob Demokratie – also Volksherrschaft – ausgerechnet von deutschem Boden ausgehen sollte. Dann hörte ich am Nebentisch Italiener singen. Sie sangen noch lauter als meine bayerischen Landsleute, und siehe – es klang keinen Halbton schöner. Die schönste Sprache wird wohl von einer bestimmten Lautstärke an häßlich, und das schönste Volk von einem bestimmten Grad der Besoffenheit an unerträglich. Ja, wo man trinkt, da singt man alles nieder.

In München aber herrschte in jenen Tagen nicht nur Oktoberfeststimmung, sondern Wahlkampf. Beides schien mir in seinem intellektuellen Anspruch ziemlich dicht beieinander zu liegen. Oktoberfest und Wahlkampf führten in Bayern denn auch zu dem bekannten Ergebnis. Die CSU errang erneut die absolute Mehrheit im Freistaat.

Wozu nun Wahlkampf ohne Oktoberfest in der mit Bayern und uns vereinigten Bundesrepublik führen wird, das ist noch nicht ganz sicher. Daß er angesichts der Annäherung der beiden großen Volksparteien zu einem wirklichen Wandel führen könnte, scheint mir mehr als unsicher zu sein. Ich entnehme der Werbung für beide Spitzenkandidaten nur, daß der eine nun endlich Kanzler werden will, während der andere es letztendlich nur bleiben will. Jeder von ihnen will eine, nicht näher beschriebene »andere Politik« machen. Notfalls machen sie ihre andere Politik aber auch zusammen. Das dürfte dann vermutlich etwas ganz anderes werden.

Außer den zwei großen Parteien gibt es noch drei kleinere, von denen zwei zugeben, daß sie unbedingt in den Bundestag wollen, um mitregieren zu dürfen. Dieser Wille ist bei der FDP so stark entwickelt, daß sie im Falle eines Scheiterns an der Fünf-Prozent-Hürde auch zu einer außerparlamentarischen Koalition bereit wäre.

Und dann gibt es da noch eine Partei, die gar nicht regieren will, schon weil keiner mit ihr regieren will. Vor ihr warnen uns alle anderen Parteien so lautstark, daß man sie selbst da fürchtet, wo es sie praktisch nicht gibt – in Bayern zum Beispiel. Anders als alle anderen ist die PDS nämlich eine Nachfolgepartei, und ihre Mitglieder im Osten sind die einzigen, die ungeläutert aus einer Diktatur kommen.

Die östlichen Mitglieder der anderen Parteien hingegen sind erst nach der Wende neugeboren worden. Kohl und Kinkel haben sie aus dem Kerker der Nationalen Front befreit, und Götting ist ihr Zeuge.

Die Furcht aller anderen vor dieser einen Partei macht mir angst. Könnte es sein, daß sich die PDS nur so klein stellt, wie sie gar nicht sein kann, wenn sie solchen Schrecken verbreitet? Könnte es sein, daß sie die sozialistische Umgestaltung der Bundesrepublik bereits beschlossen hat?

Ich sehe Gysi am Wahlabend in der Elefantenrunde sein Messer ziehen und der Demokratie den Todesstoß versetzen. Und am Tag nach der Wahl marschiert er dann mit seinen roten Kampfgruppen im Ruhrgebiet ein. Die Luftlandetruppen der PDS fliegen in Bayern ein, und nur in den bayerischen Alpen wird die Demokratie noch von einigen christlich-sozialen Partisanen verteidigt werden. Aber auch dieser Widerstand wird bald gebrochen sein, denn natürlich werden auch in München alle Führungspositionen von Ostdeutschen besetzt werden.

Rheinland-Pfalz wird kampflos kapitulieren, denn Scharping hat mit seinen Genossen nur darauf gewartet, sich endlich wieder mit seinen Klassenbrüdern zu vereinigen. Sächsische Landräuber werden in Baden-Württemberg einfallen und Neueigentümeransprüche stellen.

Die CDU wird bundesweit wieder Blockpartei, und auch die FDP kann endlich wieder angstfrei mitregieren, denn eine Fünf-Prozent-Klausel wird es in der GDR (Gysis Deutsche Republik) nicht mehr geben.

Aus dem Oktoberfest in München wird das Fest der Oktoberrevolution, und die Münchner werden unter Anleitung ihrer sächsischen Klassenbrüder die alten Kampflieder anstimmen. Das Bier wird fließen wie zu Stoibers Zeiten, und erst im Morgengrauen, wenn der Kater kommt, wird der eine oder andere Bayer leise murmeln: »Es war nicht alles schlecht in der BRD.« Aber dann ist es ja zu spät.

WAS WÄHLT DAS DEUTSCHE SCHAF?
Ein Hirtenbrief

Das deutsche Schaf glaubt fest daran, daß ihm sein Hirte von Gott gesandt wurde. Also folgt es ihm bedingungslos sowohl in jede beliebige Diktatur, als auch in eine ebenso beliebige Demokratie. In einer Demokratie dürfen die Schafe alle vier Jahre einen neuen Leithammel wählen. Das gibt ihnen ein untrügliches Gefühl von Mitbestimmung. Leithammel kommen und gehen, die Herde bleibt bestehen. Wie schnell ein roter Leithammel zum schwarzen Schaf werden kann, haben wir alle erlebt. Der Übergang zum schwarzen Leithammel war für die Herde problemlos. Denn Schafe führen ja nicht, sie folgen nur, sind also für die Folgen ihres Folgens auch nicht verantwortlich zu machen.

Der Leithammel, der ihnen das fetteste Gras verspricht, hat nach Ansicht der Herde die besten Führungsqualitäten. Manchmal reicht es auch schon, daß ein Leithammel ausruft: »Ich sehe Gras am Ende des Holzweges!« Und schon folgt ihm die Herde weitere vier magere Jahre. Zwar nimmt jeder Holzweg mal ein Ende, aber das ist für die Herde auch kein Problem. Dann heißt es kurz »Klar zur Wende!«, und das, was Schwanz war, ist jetzt Kopf und umgekehrt. Für die Herde ist nicht die Richtung entscheidend, sondern das Gemeinschaftsgefühl. Schafe sind keine Einzelgänger, ihre Identität ist die Herde. Ihren vollkommenen Ausdruck findet die Herde natürlich in der Mitte, wo kein Schaf merkt, in welche Richtung es eigentlich läuft.

Die roten Leithammel des Ostens behaupteten seinerzeit: Im Mittelpunkt steht das Schaf. Damit sollte verschleiert werden, daß das Schaf mitgelaufen ist. Die neuen Leithammel verschleiern nichts mehr. Allerdings behaupten sie auch nicht mehr zu führen, sondern nur noch zu folgen – und zwar ihrem Gewissen. Und da das Gewissen heute keine Parteien mehr kennt, sondern nur noch die deutsche Hammelherde, ist es für das einzelne Schaf auch gleichgültig geworden, welchen Leithammel es wählt – wichtig ist nur, daß er aus der Mitte kommt, um den gesunden Kreislauf der endgültigen Demokratie niemals enden zu lassen. Vom Standpunkt des Hirten aus hat also das deutsche Schaf ganz freie Wahl.

TOLERANZ IN DEN GRENZEN VON 1994

Wie wär's, wenn wir alle im neuen Jahr mal wieder auf die Straße gingen und Freiheit für die Andersdenkenden forderten? Zu DDR-Zeiten riskierte man, dafür eingesperrt zu werden. Heute riskiert man, wenn man überhaupt bemerkt wird, dafür höchstens noch mitleidig belächelt zu werden. Toleranz ist in der Demokratie so selbstverständlich, daß man sie gar nicht mehr wahrnimmt. Was muß ein Konrad Weiß über einen Alfred Hrdlicka wissen, um über ihn urteilen zu können? Und jeder Broder- und Lästerzunge reicht ein schiefer Halbsatz für ein ganzes Urteil. Jeder ist sein eigener Biedermann und der andere ein Brandstifter.

Und ein Stasi-Verdacht ist sowieso über jeden Beweis erhaben. Im Zweifel machen wir den politischen Gegner einfach zum Angeklagten. Das dient zwar selten der Wahrheitsfindung, erhöht aber wenigstens den Unterhaltungswert. Was ist Grishams Akte gegen die Akten von Gauck? Und wenn dann einer, dessen Meinung ich in diesem Punkt nicht teile, vorschlägt, mit Mielkes Erbe ein Freudenfeuer zu veranstalten, dann muß er es sich gefallen lassen, mit Bücherverbrennern auf eine Stufe gestellt zu werden. So viel Freiheit hat man nun mal, auch wenn man gar nicht denkt. Sagen darf man alles, und wenn es auch nur den geringsten Schlagzeilenwert hat, dann wird es auch gedruckt. Selbst die Bundestagsrede des Altersdissidenten Stefan Heym wurde gedruckt. Im Bundestag schien sie jedenfalls ungehört zu verhallen. Die meisten Abgeordneten übten die angeordnete Parteidisziplin und folgten dem Blick des Kanzlers ins Leere. Dabei hätten sie allesamt den Heym verstehen können, denn nicht einmal intellektuell hat er sie überfordert.

Man stelle sich nur einmal vor, der Kohl hätte dem Heym wirklich zugehört. Er hätte ihm doch sagen müssen: »So ausgewogen wie Sie, Herr Heym, hätte ich das vielleicht nicht mal formuliert!«

Nun will ich dem Kohl nicht unterstellen, er könnte formulieren wie Heym. Aber daß er Heyms Formulierungen hätte verstehen können, das traue ich ihm schon zu.

Aber wo in der Diktatur abgehört wurde, wird in der De-

153

mokratie einfach nicht zugehört. Toleranz und Gleichgültigkeit treffen sich eben – anders als die Parallelen – nicht unbedingt erst im Unendlichen.

Daß sich daran im neuen Jahr etwas ändern könnte, daran glaube ich zwar nicht, aber im übrigen glaube ich fest an dieses neue Jahr. Es wird wohl ein mittleres Jahr werden, also schlechter als das vergangene, aber immer noch besser als das nächste. Sollte die UNO es auch zum Jahr der Toleranz erklären, so tröstet mich immerhin, daß das nun vergangene Jahr ein Jahr der Familie war. Und das ist doch zweifellos ganz und gar spurlos am deutschen Familienleben vorbeigegangen. Außer einer neuen Familienministerin mit sehr alten Ansichten ist mir jedenfalls nichts Neues bekannt geworden.

Prognosen sind immer schwierig, besonders wenn sie die Zukunft betreffen. Aber eines scheint mir doch sicher: Wer heute schon weiß, daß er im Recht ist, wird das auch morgen nicht vergessen haben. Rechthaben ist eine sehr haltbare deutsche Tugend. Da ist die deutsche Politik genauso berechenbar, wie es das deutsche Feuilleton ist.

Die eine oder andere Partei wird zwar auch im neuen Jahr die eine oder andere Wahl verlieren, aber nicht ihren Wahrheitsanspruch. Denn Wahlen verliert man nicht mehr, weil man vielleicht ein falsches Programm hat, sondern nur, weil man das richtige Programm dem falschen Wähler nicht so richtig verkaufen konnte. Wahlkampf ist *marketing*, und ob da für eine demokratische Partei oder ein phosphatfreies Waschmittel geworben wird, je weniger sich der Inhalt unterscheidet, desto mehr entscheidet die Verpackung. Und je passiver das Produkt, desto aggressiver muß die Werbung sein. In der Politik siegt eben nicht mehr, wer verspricht, irgendwas besser zu machen. Das glaubt sowieso keiner mehr. Es siegt der, dem es gelingt, den Gegner schlechtzumachen.

Sollte es einer Partei bei den nächsten Landtagswahlkämp-

154

fen einfallen, mit dem Schlagwort Toleranz für sich zu werben, so können wir sicher sein, daß die anderen Parteien mit erbitterter Gegentoleranz antworten werden. Jeder wird seinen Altanspruch auf seine ganz persönliche Toleranz stellen und sich entschieden abgrenzen von jeder fremden Toleranz. Toleranz nämlich ist in Deutschland längst kein Gemeingut mehr, sondern Privatbesitz.

Und sollte im neuen Jahr wirklich nochmal jemand auf die Idee kommen, die Freiheit des Andersdenkenden zu fordern, so werden mindestens hundert verschiedene Gruppen wieder Andersdenkender aufstehen und ihren ganz persönlichen Alleinvertretungsanspruch aufs Andersdenken einfordern.

Denn Demokratie haben wir ja jetzt, und Toleranz müssen wir nur noch üben.

OSTSPAZIERGANG

Von Lenin befreit sind Straßen und Plätze
durch der Freiheit wilden, belebenden Blick.
In Deutschland blüht Gedächtnislück'.
Der alte Erich mit seiner Metze
zog sich ins rauhe Moskau zurück.
Von dorther sendet er, fliehend nur,
ohnmächtige Schauer seniler Sprüche.
Der Rest macht eine Entziehungskur
und konzentriert sich aufs Wesentliche.
Überall regt sich dynamisches Streben –
Vergangenheit hat es bei uns nie gegeben.
An Idealen fehlt's im Revier.
Wir nehmen gebrauchte Autos dafür.
Dreh dich nicht um nach Marx und nach Engels,
das ganze Parteilehrjahr – verdrängels!
Aus dem finsteren Einheitschor
dringt pluralistisch ein Volk jetzt hervor.

Jeder sonnt sich heute so gern
in seinem Widerstand gegen die Herrn.
Die, die einst folgsam Spalier gestanden,
wurden zu wilden Stürmern und Rächern.
Seit sie zu sich selber fanden,
dulden sie nichts Rotes mehr an den Dächern.
Aus des Zwangsjubels quetschender Enge,
aus der eigenen Fahnenpracht
haben sie's endlich zum Bausparn gebracht.
Sieh nur, sieh, wie befreit sich die Menge
durch die eigne Vergangenheit schlägt.
Da fällt auch die Kollwitz um im Gedränge,
und Brecht und Heine werden zersägt.
Und ganz vom Freiheitsdurst besoffen,
entfernen sie auch Heinrich Mann.
Die Hohenzollern dürfen hoffen,
denn die montiern wir wieder dran.
Und kommt's mal wieder zum Getümmel,
holn wir auch Stalin aus dem Himmel.
Im Ernstfall seufzet groß und klein –
so ist der Mensch, so muß er wohl sein.

ASBEST IST WAFFE

im Kampf gegen eine von den Kommunisten verseuchte
Vergangenheit. Ihre giftigen Spuren müssen aus Berlins
Stadtbild getilgt werden, um dort endlich eine giftfreie, gesunde Vergangenheit errichten zu können.
Daß Berlin endlich wieder ein modernes Kaiserschloß in
seinem Herzen braucht, liegt auf der Hand. Wie sonst sollten wir die Hohenzollern endlich dazu bringen, ihren Re-
gierungssitz wieder nach Berlin zu verlegen?
Was den Bonner Ministerialdemokraten recht ist, kann einem deutschen Monarchen nur billig sein – die fürstliche
Unterbringung, wenn er schon in dieses verwanzte Ost-

berlin kommen soll. Der soziale Wohnungsbau ist tot, es lebe der kapitale Schloßbau! Am Palast der Republik klebt Kommunistenschweiß, während am Stadtschloß nie blaues Blut geflossen ist. Der Kaiser hat sich seinerzeit taktvoll abgesetzt, bevor ein Rechtsstaat an ihm versagen konnte. Honecker, Mielke und ihre Vasallen blieben, ohne Rücksicht auf eine sensible Rechtssprechung, die einzig auf Ladendiebstahl und Steuerhinterziehung vorbereitet war. Statt den roten Fürsten nun eine fürstliche Abfindung nach Holland schicken zu können, muß ihnen der Rechtsstaat einen Prozeß machen, auf den deutsche Richter einfach nicht vorbereitet sind. Wann je ist in Deutschland ein verantwortlicher Politiker von deutschen Richtern zur Rechenschaft gezogen worden?

Nach Recht und Gesetz wird in Deutschland gesprochen, aber nicht gehandelt. Und bevor man verantwortliche Politiker aburteilt, reißt man lieber ihre Bauwerke ab, um sie – die Politiker – so wenigstens für die überlebende Nachwelt ungeschehen zu machen.

Wir Deutschen erinnern uns grundsätzlich nicht an das, was war, sondern ausschließlich an das, was sein wird. Anders ausgedrückt, wir verlegen noch jede düstere Vergangenheit in eine lichte Zukunft. Je länger eine Vergangenheit her ist, desto mehr Zukunft hat sie in unsrem Gedächtnis.

Die Hohenzollern jedenfalls sind alt genug, um bei uns wieder eine Zukunft zu haben. Also brauchen wir ihr Stadtschloß, um uns an sie wenigstens architektonisch erinnern zu können. Wenn dereinst das Geschlecht derer von Honecker lange genug unterm Kunstrasen der Geschichte begraben sein wird, können wir sie ja vielleicht wieder ausgraben. Nichts wird uns dann hindern, das von ganz neuem Asbest verseuchte Stadtschloß wieder abzureißen und den durch die Zeit geheilten Palast der Republik wiederzuerrichten.

Jede Zeit in Deutschland hat nämlich ihre eigene, unver-

157

wechselbare Vergangenheit, an die sie erinnert werden will. Deshalb baut man hier auch nicht für DIE Ewigkeit, sondern für ALLE Ewigkeiten – heute für die und morgen für die anderen.

NEUJAHRSANSPRACHE AUF DAS JAHR 1995

Als grundsätzlich positiv denkender Mensch danke ich dem alten Jahr für seinen insgesamt pünktlichen Verlauf. Nachdem es pünktlich am 1. Januar begann, wird es ebenso pünktlich am 31. Dezember enden, um dem neuen Jahr Platz zu machen. Wer wollte da noch länger behaupten, in Deutschland bliebe alles beim alten. Aber wenn auch die Jahre enteilen, die uns regieren, verweilen – wenn schon nicht auf ihren Posten, so doch zumindest auf ihren Abfindungskosten.

Mag auch so mancher durch freiwilligen oder unfreiwilligen Rücktritt dem Kabarett verlorengehen, mir als Steuerzahler bleiben sie lieb und teuer. Als Satiriker beklage ich natürlich den Verlust so sicherer Pointen wie Irmgard Schwaetzer oder Jürgen Möllemann. Um so dankbarer bin ich unserem Kanzler für seinen – wenn auch knappen – Wahlsieg. Kohl garantiert mir, daß kein Programm geändert werden muß im deutschen Kabarett.

Besonders danken möchte ich ihm von dieser Stelle aus, daß er uns auch die mecklenburgische Seelenplatte Angela Merkel erhalten hat. Mit dem bißchen Umwelt, das Herr Töpfer ihr hinterließ, wird sie schon fertig werden. Als Mecklenburgerin ist sie nicht für Natur, sondern von Natur stur.

Besonders dankbar aber bin ich schon als Mann, daß dieser Kanzler unserer Männerdemokratie eine Frau wie Frau Nolte geschenkt hat. Man sollte die Nolte ja nicht vor der Merkel loben, aber ich nehme mal an, wir werden ihr noch viele böse Pointen zu danken haben. Mit solchen Frauen an seiner Seite muß der Kanzler keine Frauenquote fürchten. Wenn mich nicht alles täuscht, hat dieser Kanzler vor Frauen überhaupt keine Angst. Das einzige, was er an ihnen fürchtet, ist die Intelligenz. Nur wenn zum Faktor Frau der Faktor Intelligenz kommt, müssen wir Männer um den Faktor Macht fürchten. Schon aus dem Grunde ist noch keine Partei auf den Gedanken gekommen, eine Intelligenzquote einzuführen. Denn wenn es, um an die Macht zu kommen, nicht mehr ausreicht, zu zwei Dritteln männlich zu sein, sondern erforderlich ist, dazu noch intelligent zu sein, dann wird die Personaldecke aller Bonner Parteien dünn. Auf welche harte Probe die Intelligenz unserer Parlamentarier im neuen Bundestag gestellt werden kann, hat ja die Rede des Altersdissidenten Stefan Heym gezeigt. Er sprach einfach über das Fassungsvermögen der dort sitzenden Köpfe hinweg. Nicht einmal den Arsch kriegten sie hoch, als er den Saal betrat. Einen Schriftsteller im Deutschen Bundestag reden zu lassen, das heißt eben, diesen Bundestag zu überfordern.

Wenn der deutsche Wähler PDS-Kandidaten ins Parlament schickt, dann muß die Demokratie einfach auf der Strecke bleiben. Und um diese Demokratie wenigstens außerparlamentarisch zu schützen, muß das Finanzamt als einzige noch nicht kommunistisch unterwanderte Institution den Kampf aufnehmen. So lange der Ostwähler noch nicht begriffen hat, was er zu wählen hat, darf das Finanzamt nicht wählerisch sein in der Wahl seiner Mittel.

Schließlich hat die PDS doch überhaupt keinen Anspruch auf Wahlkampfkosten-Erstattung. Wer hat denn den Wahlkampf für die PDS geführt? Das waren doch CDU, FDP und SPD in ganz demokratischer Eintracht. Wer rote Socken strickt, muß sich nicht wundern, wenn sie auch getragen werden. Also, der Wahlsieg der PDS geht eindeutig auf das Konto der anderen Parteien. Infolgedessen gehören auch die Wahlkampfkosten auf ihr Konto.

Das parlamentarische Überleben der FDP hat diese Partei in eine tiefe Sinnkrise gestürzt. Verzweifelt versuchen nun die wenigen hinterbliebenen Spitzenpolitiker der FDP herauszubekommen, was so viele Wähler veranlassen konnte, sie noch einmal zu wählen. Es wird vermutet, daß viele Wähler ihr Kreuz hinter die FDP setzten, weil sie die schon für gestorben hielten. Nun versucht also Kinkel in verzweifelten Wiederbelebungsversuchen etwas zurückzuholen, was er selbst begraben hatte – die Liberalen. Noch ist unsicher, ob er sie im rechten oder linken Flügel der CDU finden wird. Er weiß ja bisher auch nur, daß er zur CDU gehört, aber nicht zu welcher?

Die SPD hat die Wahlen zwar nicht gerade gewonnen, aber sie hat diesmal doch zumindest nur unwesentlich verloren. Und ein unwesentlicher Verlust ist für die SPD schon ein wesentlicher Sieg. Wem sie diesen halben Sieg so ganz verdankt, darüber wird noch gestritten. Schließlich hat die SPD mit wesentlich besseren Spitzenkandidaten schon wesentlich schlechter abgeschnitten. Daß Rudolf Scharping von den ahnungslosen Wählern überhaupt noch als Sozialdemokrat erkannt wurde, ist ein großer persönlicher Erfolg. Es ist also nur gerecht, wenn er die deutsche Sozialdemokratie – wenn schon nicht zum Wahlsieg – so doch immerhin ins neue Jahr führen wird. Er hat sich auch ganz unmißverständlich festgelegt, für ihn beginnt dieses Jahr mit dem 1. Januar. In diesem Punkt ist er sich mit Schröder und Lafontaine prinzipiell einig.

Auch der Bundesfinanzminister hat sich festgelegt, – sein Steuerjahr beginnt zwar auch am 1. Januar, endet aber definitiv erst am 31. Dezember. Das sind die unumstößlichen Eckdaten seiner Steuerpolitik. Innerhalb dieser Eckdaten läßt er über alles mit sich reden, zumal seine Steuerpolitik zumindest bei den sozial Schwachen bereits zu greifen beginnt. Also da wird nun endlich zugegriffen. Ein Finanzminister muß sein Geld schließlich da suchen, wo es noch

160

was wert ist – bei den Armen. Damit die Reichen in Deutschland nicht aussterben, erwägt Waigel ein Artenschutzgesetz für sie. In einem gesonderten Armutsbericht für die Besserverdienenden in Deutschland weist das Finanzministerium erstmals auf das Elend der deutschen Steuerflüchtlinge hin. Man muß nicht Schneider heißen, um vor Deutschland auf der Flucht zu sein. Auch der gewöhnlich gut verdienende Fußball-, Tennis- oder Motorsport-Profi sucht sein Steuerasyl inzwischen in sicheren Drittländern. In Belgien und Luxemburg sollen schon geheime Sammellager für deutsche Steuerflüchtlinge errichtet worden sein, wo auf harten Doppelstockbetten das traurige Lied der neuen Auslandsdeutschen gesungen wird: »Deutschland, Deutschland, lieber alles ins Ausland verschieben, als zu Hause geblieben!«

Alle sehen nur das Elend der Armen, die doch immerhin freiwillig nach Deutschland kommen. Das Elend der Reichen, die aus Deutschland fliehen müssen, sieht keiner. Umso dringender ist der Ruf: Sozialumbau jetzt! Verlegt das Steuerparadies nach Deutschland, damit die Reichen wiederkommen und die Armen wieder gehen. Einem Armen kann es schließlich egal sein, wo er seine Steuern hinterzieht, während ein Reicher das als Patriot am liebsten zu Hause in Deutschland macht. Aber noch geht ein Reicher eher durch ein Nadelöhr, als daß er so ein Kamel ist und freiwillig zum Finanzamt kommt. Deshalb muß hier zuerst der soziale Mißbrauch gestoppt werden. Das erreicht man am ehesten durch Streichung der Sozialhilfe. Was gestrichen ist, kann nicht mißbraucht werden. Und wenn unsere Obdachlosen endlich in den Süden ziehen, kann ihnen der deutsche Winter nichts mehr anhaben. Ein Villenbesitzer liegt bei zehn Grad minus auch nicht zu Hause im Garten herum, sondern an den warmen Stränden des Südens.

Und hier noch ein Wort an die deutschen Mütter: Sorgt

dafür, daß in Deutschland der Kinderreichtum einzieht. Das heißt, bringt reiche Kinder zur Welt, dann braucht ihr auch nicht das schäbige Kindergeld des Staates. Alleinerziehende, ihr bestimmt selbst euer Schicksal, denn in unserer Gesellschaft alleinerziehend zu sein, das ist eben Schicksal. Arbeitslose, laßt euer Geld für euch arbeiten. Geld findet überall Arbeit, während man mit Arbeit selten viel Geld findet. Christliche Arbeitnehmer! Wer erst ein Pflegefall ist, für den ist jeder Tag ein Buß- und Bettag. Wie auch immer unsere Zukunft aussehen mag, sie ist uns sicher.

Also begrüßen wir das neue Jahr mit der uns zustehenden Dankbarkeit, denn es wird nach allem, was vorauszusehen ist, zumindest ein mittleres Jahr werden – schlechter zwar als das alte, aber immer noch besser als das nächste.

Die Stimme der Vernunft ruft zwar: Kehrt um! Aber die Vernunft spricht nicht deutsch. Denn wenn wir plötzlich vernünftig würden, wo bliebe dann unsere nationale Identität?

AN DEN DEUTSCHEN BUNDESTAG

Ich hab geträumt heut nacht, ich würde Alterspräsident des Bundestages und müßte die Rede zur Eröffnung dieses Bundestages halten.

Meine Damen und Herren Volksvertreter,
ich verstehe Ihren Unmut, einem wie mir zuhören zu müssen – einem noch lebenden Satiriker. Dabei kann ich Sie doch trösten: Viel gefährlichere, weil furchtlosere und begabtere Leute wie Heinrich Heine, Kurt Tucholsky oder Carl von Ossietzky sind tot, stellen also für Sie keine Bedrohung mehr dar. Ich vermute, die Werke der Genannten stehen bei dem einen oder dem anderen von Ihnen sogar schon im Bücherregal. Es liegt mir fern, mich mit solchen beliebten, weil toten Satirikern zu vergleichen.

Als Alterspräsident kann ich zwar auch nicht mehr jung sein, bin aber auf jeden Fall noch viel zu lebendig, um von deutschen Parlamentariern ernst genommen zu werden. Ich bin – das gebe ich gern zu – nur ein Spaßmacher, allerdings ein deutscher Spaßmacher. Und das heißt nun mal, daß ich fast alles ernst meine, was ich so spaßeshalber sage.

Und ich sage: Es ist keine Ehre für mich, vor Ihnen reden zu dürfen. Aber ich halte es für meine Pflicht, Ihnen hier einmal zu sagen, was Sie nicht hören wollen. Die Gefahr, daß ich damit irgendetwas bewirke, besteht nicht. Deutsche Schriftsteller pflegen hier und da beruhigend auf die Nachwelt zu wirken, die Mitwelt nimmt sie allenfalls als Störenfriede zur Kenntnis.

Kurt Tucholsky hat einmal gesagt, Deutschland sei eine anatomische Merkwürdigkeit. Es schreibe mit der Linken und tue mit der Rechten. Nachdem nun die Linke im gesamtdeutschen Feuilleton eine Niederlage beweint, die sie gar nicht erlitten hat – wer das, was sich einmal DDR nannte, für die Verwirklichung linker Träume hielt, muß wirklich geschlafen haben –, hat nun die Rechte den Schreibtisch für sich entdeckt. Was aber dabei herauskommt, wenn die deutsche Rechte schreibt und handelt, ist an den von Ihnen beschlossenen Asylrechtsänderungen zu besichtigen.

Wieso hören Sie plötzlich auf Leute, die so viel schlechter und Schlechteres schreiben als Heinrich Böll oder Günter Grass. Nein, Entschuldigung, Grass lebt noch, den müssen wir also noch vergessen.

Ich habe bis vor kurzem in einem System gelebt, das nur diejenigen dulden wollte, die sich mit ihm arrangierten. Und ich habe mich mehr, als mir heute lieb ist, aber viel, viel weniger, als Sie vermutlich annehmen, arrangiert. Heute bin ich in einem System angekommen, in dem Leute wie ich durchaus geduldet werden, wenn Sie sich nur einigermaßen arrangieren. Die Grenzen zwischen Diktatur und Demokratie scheinen mit den in beiden Systemen gemachten Erfahrungen zumindest fließend zu sein.

Eine Parteiendemokratie, wie ich Sie jetzt erlebe, ist gewiß besser als jede Diktatur, aber sie ist nicht das, wofür sie manche von Ihnen halten, die beste aller denkbaren Staatsformen. Nur weil sicher ist, daß es eine vollkommene Demokratie nicht geben kann, sollten wir uns mit den herrschenden Unvollkommenheiten nicht abfinden. Sie wissen selbst am besten, wieviel Selbstaufgabe es kosten kann, eine politische Karriere zu machen, wie Sie sie ja gemacht haben müssen als Bundestagsabgeordnete. Das ist nachzulesen in Büchern, die von Politikern immer wieder geschrieben werden, wenn sie keine mehr sind.

Ein bedeutender Vorredner hat an dieser Stelle einmal, lange bevor er Alterspräsident wurde, davon gesprochen, daß man mehr Demokratie wagen müsse. Heute bekomme ich die Demokratie als Besitzstand von Alteigentümern serviert, die es schon für ein Wagnis halten, einem Stefan Heym überhaupt zugehört zu haben, statt dem Blick des Kanzlers ins Leere zu folgen. Sie kennen gewiß alle das schöne Märchen von des Kaisers neuen Kleidern. So nackt wie dieser Märchenkaiser will mir die Arroganz so manchen Demokratiepächters in diesem Hause erscheinen.

Lassen Sie mich zum Schluß noch einmal einen Mann zitieren, den ich Ihnen von ganzem Herzen als Alterspräsidenten gewünscht hätte – Kurt Tucholsky. Er sagte, man solle jedem Fachmann mißtrauen, der von sich behauptet, eine Sache richtig zu machen, nur weil er sie schon vierzig Jahre so macht.

Meine Damen und Herren Fachdemokraten, ich mißtraue Ihnen.

164

WER ZU SPÄT STIRBT ...
Zum Tode von Günter Guillaume

In dem sehr schönen alten Film »Fanfan, der Husar« gab es den sehr schönen Satz: »Generale, die im Kriege fallen, haben ihren Beruf verfehlt.«

Wie ist das nun mit Spionen, die im Feindesland sterben, wie Günter Guillaume? Er hat zumindest sein Staatsbegräbnis verfehlt. Welch schöne Nachrufe hätte er haben können in unserer DDR-sozialistischen Tagespresse! Eine Ehrenkompanie wäre angetreten ihm zu Ehren. Man hätte die Trommel geschlagen und den Trauermarsch geblasen. Ein Held wäre zu Grabe getragen worden.

So war es nur ein ganz gewöhnlicher, beschäftigungsloser Rentner, der da beerdigt wurde. Und um sein Grab versammelten sich andere Rentner und Vorruheständler, fast alles, was in der DDR einmal einen höheren Schlapphut getragen hatte. Ein ganzer Geheimdienst a.D., lauter tapfere Tschekisten, wie sie sich früher gern nannten. Heute nun kämpfen sie statt gegen den Klassenfeind bei demselben um ihre ganz gewöhnlichen Rentenansprüche. Und was sie ihrem toten Kameraden nachriefen, nämlich daß er nur seine vaterländische Pflicht erfüllt habe – früher nannten sie diese Pflicht auch Klassenauftrag –, das würden sie vor jedem Gericht dieser Welt auch von sich sagen. Wer in höherem Auftrag handelt, trägt nunmal keine Verantwortung für sein Handeln. Dieser Grundsatz hat in Deutschland Tradition.

Wie ist das aber nun mit dem höheren Auftrag, wenn der höhere Auftraggeber verschwunden ist? Bleiben dann vom höheren Auftrag nur noch niedere Beweggründe? Die DDR schickte ihre »Kundschafter des Friedens« in den Kalten Krieg. Wen schickte seinerzeit die Bundesrepublik? War nicht, was dem einen der Wolf, dem andern der Kinkel? Gewiß, man kann Bundesnachrichtendienst und Verfassungsschutz nicht mit der Staatssicherheit vergleichen. Schon deshalb nicht, weil die Akten der Geheimdienste, die überlebt haben, weiter geheim bleiben. Unsere demokratischen Geheimdienste unterliegen einer demokratischen Kontrolle, die ich zumindest nicht kontrollieren kann. Daß auch hier manchmal der Schritt vom Kriminalen zum Kriminellen nur kurz ist, erfahre ich allenfalls mal aus dem SPIEGEL.

Nun muß ich gestehen, mein Interesse an allen Geheimdiensten hält sich in Grenzen, seit ich ziemlich sicher sein kann, daß sich auch das Interesse der Geheimdienste an Leuten wie mir in Grenzen hält.

Die Staatssicherheit kümmerte sich seinerzeit mit meinen Steuern sehr um mich. BND und Verfassungsschutz scheren sich – wiederum mit meinen Steuern – einen Dreck um mich. Ich weiß den Unterschied zu schätzen.

Guillaume übrigens soll sehr darunter gelitten haben, nicht mehr gebraucht zu werden. Ein bißchen von diesem Gefühl wünsche ich – mit einem schönen Gruß auch nach Pullach – allen Geheimdienstlern dieser nun ganz und gar freien Welt.

ES WAR NICHT ALLES SCHLECHT ...
10 Jahre Hohenschönhausen

Berlin ist doch kein Dorf. Das ist eine alte Berliner Redensart. Berlin ist viele Dörfer. Das ist eine ebenso alte Berliner Realität. Das Berliner Dorf, in dem ich früher wohnte, hieß Oberschöneweide und war ein Industriegebiet. Deshalb war es keine begehrte Wohngegend. Heute ist Oberschöneweide kein Industriegebiet mehr, aber eine begehrte Wohngegend ist es erst recht nicht.

Das Dorf, in dem ich heute wohne, heißt Hohenschönhausen. Als ich vor sechzehn Jahren hier einzog, hatte ich keine Ahnung, wohin ich kam. Damals wunderte ich mich über die vielen Westautos hier mit dem Ostberliner Kennzeichen. Ich vermutete, in ein Handwerkerdorf geraten zu sein. Denn im Dorf DDR waren die Handwerker die wirklich Reichen, die sozusagen herrschende Klasse. Bald erfuhr ich aber, daß das Handwerk der hier einwohnenden Westauto-Besitzer kein produzierendes oder reparierendes war. Es handelte sich vielmehr um Mitarbeiter des sozialistischen Großbetriebes Horch & Guck. Die Häuser der leitenden Mitarbeiter dieser Firma erkannte man daran, daß an den Hausbriefkästen statt des Familiennamens nur Erdgeschoß oder Obergeschoß stand.

Als dann die Wende auch das konspirative Dorf Hohenschönhausen erreicht hatte, führte eine ganze Völkerwanderung hierher. Jeder wollte nun die neuen Namen an den alten Häusern besichtigen. So konnte man unter anderem erfahren, daß ein gewisser Schalck-Golodkowski hier um die Ecke gewohnt hatte. Als man es erfuhr, wohnte er allerdings schon am Tegernsee. Einfachere Mitarbeiter der Firma erkannte man vorher daran, daß sie – wie andere Leute auch – ein Namensschild am Briefkasten oder an der Haustür hatten. Eine Freundin von mir behauptete allerdings, jedes von der Stasi bewohnte Haus an der Bepflanzung des Vorgartens zu erkennen. In einem dieser Häuser wohnten seinerzeit zwei Familien, von denen die eine Lauschke hieß, die andere Sichting

Ich weiß bis heute nicht, ob es sich dabei um Klarnamen handelte oder nur um Decknamen für eben jene Horch & Guck. Jedenfalls haben damals alle meine Freunde, denen ich die Schilder zeigte, sehr gelacht. Ja, ich gebe zu: Wir haben trotz aller Unterdrückung in der DDR hin und wieder auch gelacht, sogar über die Stasi.

Vor zehn Jahren legte ein gewisser Erich Honecker hier in Hohenschönhausen den Grundstein für ein riesiges Neubaugebiet und ernannte das Dorf zum selbständigen Stadtbezirk. Die westlichen Besatzungsmächte protestierten damals heftig dagegen, weil so eine Ostberliner Eigenmächtigkeit gegen den Gesamtberliner Viermächtestatus verstieß. Dieser Protest geriet, wie so vieles seitdem, in Vergessenheit.

Am 1. September 1995 jedenfalls feiert man nun das zehnjährige Bestehen dieses von Honecker dazu ernannten Stadtbezirkes Hohenschönhausen. Der Gesamtberlin regierende Bürgermeister Diepgen hat sich zur offiziellen Feierstunde angesagt. Er muß wohl verinnerlicht haben, was jetzt so viele im Osten sagen: Es war nicht alles schlecht in der DDR.

ES IST NICHT ALLES SCHLECHT ...

Fünf Jahre deutsche Einheit haben mir wenig anhaben können. Schließlich bin ich in diesem vereinigten Deutschland weder eine Frau in meinem Alter (so um die Fünfzig), noch bin ich alleinerziehend. Ich war auch in der DDR nicht staatsnah, also so was Schlimmes wie Pförtner im Kulturministerium oder Hilfslaborant im Regierungskrankenhaus. Als Satiriker ist man in jedem System gern gesehen.

Auch in dieser schönen Bundesrepublik fiele es mir schwer, nicht Satiriker zu sein. Obwohl viele Politiker mit ihrer Realsatire alles allein machen wollen, bringen sie kaum einen zum Lachen. Sie machen zwar die Witze, aber wir erzählen sie so weiter, daß darüber auch gelacht wird. Den Vorwurf der Verharmlosung kann ich uns also nicht ersparen. Aber verharmlost haben wir ja damals auch die DDR.

Meine ostdeutsche Herkunft macht mir kaum noch zu schaffen. Allerdings habe ich auch keine Westverwandtschaft, die mir immer wieder erzählt, wie sie vierzig Jahre darunter gelitten hat, daß ich hier dieses Unrechtssystem mit meiner Anwesenheit gestützt habe. Ich bin ein Ein-

168

heitsgewinnler, denn mir gehören achthundert Quadratmeter Hauptstadt. Gekauft habe ich das Grundstück zwar in der Diktatur, darf es aber auch in der Demokratie weiter nutzen. Irgendwie hat sich kein demokratischer Alteigentümer gefunden.

Dafür bin ich aber jetzt Eigentümer eines richtigen Westautos. Nur am Kennzeichen ist noch zu sehen, allerdings nur für Berliner, daß das Fahrzeug in Ostberlin angemeldet ist. Obwohl zwischen Ost- und Westberlin keine Mauer mehr steht, steht noch vieles zwischen Ost und West. Am haltbarsten erweisen sich die gegenseitigen Vorurteile. Gegen Vorurteile kann man keine Berufung einlegen. Sie werden immer in letzter Instanz gesprochen. Seit ich den Westen kenne, schäme ich mich überhaupt nicht mehr, aus dem Osten zu kommen. Wie provinziell diese kleine DDR war, weiß ich erst jetzt, da ich erlebe, wie provinziell auch die große Bundesrepublik ist. Durch einige Urlaubsreisen habe ich inzwischen mein Weltbild erweitern können. Ich war in Schweden, Frankreich, Italien und auf Lanzarote. Jetzt habe ich schon wieder Sehnsucht nach der Ostsee.

Persönlich enttäuscht bin ich eigentlich nur von der Westmark, die nicht das gehalten hat, was sie damals versprach, als es die Ostmark noch gab. Damals schien die D-Mark das reine Wunderzahlungsmittel zu sein. Seit ich mit ihr aber auch Gas, Wasser, Abwasser, Brot, Kartoffeln und sogar den Solidaritätszuschlag mit mir selber bezahlen muß, ist all ihr Zauber dahin.

Trotzdem muß ich zusammenfassend gestehen: Es ist nicht alles schlecht an der BRD!

WO BRANDENBURG LIEGT

Wenn meine alte DDR-Landkarte nicht lügt – wie wir jetzt wissen, logen in der DDR hier und da sogar die Landkarten! –, dann ist der höchste Berg Brandenburgs ganze zweihundertundeinen Meter hoch und heißt Hagelberg. Er erhebt sich im höchsten Gebirge des Landes – im Fläming. Wenn man auf der Autobahn von Berlin nach Leipzig fährt, bekommt man eine leise Ahnung davon, was in Brandenburg Gebirge genannt wird. Hier sind die Berge niedriger als anderswo. Hier ist einfach nichts spektakulär. Das Auffälligste an Brandenburg ist seine Unauffälligkeit.

Auch der Beitrag der märkischen Heide zur deutschen Kultur ist, verglichen etwa mit dem Beitrag Sachsens, eher bescheiden. Selbst unsere Brandenburgischen Konzerte ließen wir uns von einem Sachsen komponieren, allerdings auch von dem größten unter Sachsens vielen großen Tonschöpfern. Was dem kleinen, aber flachen Lande an eigenen Talenten fehlte, das glich es aus mit der Aufnahme fremder Talente. Dank früher Toleranz in Glaubensfragen kam Brandenburg bisweilen zu Ansehen und bescheidenem Wohlstand. Beides setzte es immer wieder gründlich aufs Spiel, wenn der Preuße im Brandenburger erwachte und strammstehen wollte.

Daß dabei Minderwertigkeitsgefühle stets eine große Rolle spielten, halte ich für sicher. Wohl deshalb bewahrte die aus Minderwertigkeitsgefühl ständig um ihre Anerkennung kämpfende DDR bis zum Schluß dieses Stechschritt tanzende Preußenballett im Arbeiter- und Bauerntheater. Blechmusik und Stechschritt brachten etwas graue Farbe ins sozialistische Straßenbild.

Von der Schönheit märkischer Landschaft würde wahrscheinlich keiner in Brandenburg reden, hätte uns nicht der eine Fontane mit seinen Beschreibungen drauf gestoßen. Und manchmal weiß ich nicht recht, wer hier wen so schön macht: die Landschaft die Beschreibung oder umgekehrt. Denn aufregend ist der Landstrich ja bestimmt nicht. Nichts ist aufregend in Brandenburg. Hier ergreift keine Lorelei den Schiffer im kleinen Schiffe mit wildem Weh. Hier gibt's den Spreewald mit den sauren Gurken und die Frau-

170

en mit den weiten Röcken. Hier im Flachland der Gefühle brennt auch die große Leidenschaft auf kleiner Flamme, denn es herrscht die Macht der kleinen Vernunft der Provinz. Daß man so lange von der »Provinz Brandenburg« sprach, kann kein sprachlicher Zufall gewesen sein.

Romeo und Julia in Luckenwalde oder Jüterbog? Nein, die brandenburgische Phantasie hat ihre Grenzen, und die großen Gefühle legen sich hier von selbst. Hier ist der kleine Mann zu Hause und die kleine Frau, und die leben noch immer länger als die große Leidenschaft. Man ist protestantisch-nüchtern bis auf die Knochen, auch wenn man mit Kirche und Religion nicht mehr viel am Hut hat. Der Hirt ist weg, die Herde ist geblieben.

Die alte Sachlichkeit ist hier daheim. Und wenn die Bohleys noch so laut nach Rache schreien und auf den einen Stolpe zeigen, der ihnen ihr Märtyrerschicksal vermasselt hat mit seinem kleinen Pragmatismus, seiner kleinen protestantischen Vernunft, die ihm sagte: Die Bohley ist in England besser aufgehoben als im Knast. Und wenn also dieselbe Bohley jetzt gnadenlos auf alles zeigt, was mit der Stasi geredet und verhandelt hat, dann sagt sich die kleine brandenburgische Vernunft: Was hat die Bohley uns gebracht und was der Stolpe? Und wählt den Stolpe. Nicht aus Liebe übrigens. Wenn hier Gefühl mitspielt, dann ist es Trotz. Kein Trotz alledem, nur ein »nu grade!«,

In Brandenburg liebt man die da oben nicht, auch wenn man sie gewählt hat. Man läßt sie leben, solange sie einen leben lassen. Aber man bleibt skeptisch. Besonders vor den großen Rufern mit den großen Worten. Der Satz, es solle jeder doch nach seiner Fasson selig werden, ist nicht zufällig in Potsdam gesprochen worden, obwohl oder gerade weil es schwerfällt sich vorzustellen, es könnte einer selig werden in Potsdam.

Diese kleine Vernunft, und mag sie noch so eng sein und eng machen, hat doch einen Vorteil vor den großen, weiten

171

Gefühlen: Sie ist beständiger. Sie ist langfristig berechenbar. In der Beschränktheit zeigt sich der Brandenburger Handwerksmeister. Ich habe diese pragmatische Vernunft der kleinen Anpasser zu DDR-Zeiten verflucht. Sie kannten und kennen keine größeren Ziele, als einigermaßen angenehm, das heißt bequem, zu überleben.

Die DDR war – im guten wie im bösen – das Land der kleinen Leute, zwar geprägt vom kleinen Mann aus Sachsen, aber dem Brandenburger alles andere als wesensfremd. Man konnte sich einrichten, und man hat sich eingerichtet in dieser durchaus »kommoden Diktatur«, in der es dem kleinen Mann weniger an Freiheit als an Freizügigkeit und schnellen Autos fehlte.

Was interessierte ihn Zensur? Am Stammtisch gab es auch im DDR-Brandenburg die Freiheit des Wortes. Auf den Versammlungen reichte Schweigen als Zeichen der Zustimmung aus. Begeisterung wurde in der DDR von den dafür Zuständigen mit den dazu willigen Kleindarstellern inszeniert.

Wer eine Fahne an sein Fenster hängte, tat dies meist nur, um nicht die Frage beantworten zu müssen, warum er keine Fahne hinaushängte. Sozialismus in der Uckermark, das ist wie Walfang auf den Havelseen. Uckermark und Havelseen sind nicht dafür gemacht. Der Sozialismus in Brandenburg ist nicht am Widerstand der Brandenburger gescheitert, sondern an dieser zutiefst brandenburgischen Toleranz, die man am besten mit Gleichgültigkeit übersetzt. Am Brandenburger wird noch jede große Idee scheitern, ganz einfach, weil sie ihm wurscht ist. Rudi Dutschke und Luckenwalde – ich weiß nicht, wer sich des anderen mehr schämt. Die Michael Kohlhaas' kommen und gehen, ihre Spuren verwehen in der märkischen Streusandbüchse. Auf diesem Sandboden wachsen keine Palmen. Hier wohnen auch nicht die dümmsten Bauern. Unsere Kartoffeln waren nie die größten.

172

Manch einer von meinen Westberliner Freunden – doch, auch wir Berliner unterscheiden noch fein säuberlich zwischen Ost und West, und zwischen Charlottenburg und Hohenschönhausen liegen Welten. Das wissen wir erst seit dem Mauerfall. Der eine oder andere meiner Charlottenburger Freunde hat inzwischen in Brandenburg das erworben, was wir früher auf sowjetisch-deutsch eine Datsche nannten. Ganz Mutige unter ihnen sind sogar mit Kind und Kegel hinausgezogen »in die Taiga«, wie sie selbst mit jenem Lächeln sagen, das da heißen soll: »Ich fürchte mich vor nichts!«

Und wenn mein Freund dann ins Erzählen kommt, dann sind das immer Geschichten über das, was er mit diesen seltsamen Eingeborenen da draußen so erlebt hat. Er spricht sozusagen »unter uns Berlinern«, nicht ahnend, daß mich Ostberliner mit diesen Eingeborenen unbekannterweise mehr verbindet als mit ihm, dem Westberliner bekannterweise. Vierzig Jahre ganz und gar unfreiwilliger, aber gemeinsamer Erfahrung eben.

Wenn mein Freund zum Beispiel, und das ist sein liebstes Beispiel, von den barbarischen Trinkgewohnheiten der Leute dort spricht: »Also, die kennen da doch wirklich bis heute nur zwei Sorten Schnaps, den Braunen und den Klaren!«, dann kann ich Mitbarbar in der Kenntnis von sieben und acht Whisky-Sorten keinen rechten Zuwachs an Zivilisation erkennen. Das sage ich natürlich nicht, bekennender Weintrinker, der ich bin. Aber ich denke es schon. Schließlich sind wir im Osten ans Andersdenken gewöhnt, also anders zu denken, als zu reden.

Bei solchen Geschichten jedenfalls denke ich jetzt oft zurück an die Zeit nach dem Krieg, als wir Kinder in Finsterwalde (doch, das gibt es wirklich, und es liegt in der Niederlausitz, im südlichen Brandenburg) unsere höhere deutsche Zivilisationsstufe am Wasserklo festmachten. Das hatten wir nämlich den russischen Barbaren voraus. Schon wir

Kinder erzählten Witze darüber, wie diese Russen mit unserem Wasserklosett umgingen. Daß sie beispielsweise versuchten, die Kartoffeln darin zu waschen, und sich nicht erklären konnten, wohin die Knollen dann beim Spülen verschwanden. Und während wir darüber lachten, fühlten wir uns diesen Barbaren so unendlich überlegen.

Sie, die Russen, hatten damals den großen Vorteil, daß sie unser zivilisiertes Deutsch nicht verstanden. Diesen Vorteil hat der einfache Brandenburger heute nicht mehr, wenn der westdeutsche Zivilist jetzt über ihn spricht.

Nein, es sind nicht nur die ungeklärten Besitzverhältnisse, die das Miteinander in Berlin und Brandenburg manchmal so unersprießlich werden lassen. Es ist oft die uns wohl gemeinsame deutsche Art, uns selbst für zivilisiert und alle anderen für Barbaren zu halten. Und je näher uns diese anderen sind, desto barbarischer finden wir ihr Fremdverhalten.

Am Ende solcher Abenteuergeschichten aus der brandenburgischen Taiga steht fast immer ein Zitat. Da sagen meine Westberliner Freunde dann, was diese Eingeborenen – natürlich in der Dorfkneipe – zu ihnen gesagt haben. Und was sagen Brandenburger so zu ihren neuen westlichen Mitbürgern in der Kneipe? »Weißt du, du bist gar kein typischer Wessi. Du bist schon ein halber Ossi.« Und das als Kompliment zu nehmen, sind meine Westberliner Freunde inzwischen fest entschlossen.

Berlin und Brandenburg, sollten sie sich denn zusammentun, könnten ein fast ideales Paar werden, weil sie von so anziehender Gegensätzlichkeit sind. Da wären zunächst das Berliner Tempo und die vermutlich in Brandenburg erfundene Langsamkeit. Berlin ist laut, wie Brandenburg leise ist. Berlin nimmt sich wichtig, Brandenburg hat da jedenfalls Zweifel. Wer eine Frau wie Frau Hildebrandt für eine Brandenburgerin hält, der muß von auswärts kommen. Frau Hildebrandt ist die personifizierte Nichtbrandenburgerin. Berlinerin eben. Welche Interessen sie immer vertritt, sie tut es laut, schnell und ohne jede Spur von Selbstzweifel. Sie ist die Inkarnation des Berufsberliners, der auch angesichts der Alpen noch unüberhörbar auf die Müggelberge hinweist.

Ich könnte mir vorstellen, daß den stillen Brandenburgern ihre allzu laute Ministerin manchmal auch ein bißchen peinlich ist. Sie selber haben viel zu dicht an Mecklenburg gesiedelt, und das heißt, dreimal überlegen, bevor man einmal was sagt. Und dann schreit man doch nicht so, wenn einer aus dem Westen was zu sagen hat. Und wer aus dem Westen kommt, der hat jetzt hier auch was zu sagen. Sagten sich die Brandenburger noch, als die Hildebrandt schon längst so laut für sie sprach, daß es dem kühlsten Westler die Sprache verschlug. Und schon reckte sich wieder dieser kleine brandenburgische Trotz und sagte: Wenn sich die Westler ärgern über die Hildebrandt, dann können wir die Frau auch wählen.

Da ging es der Frau Hildebrandt, auch wenn sie das weit von sich weisen wird, nicht anders als der PDS. Sie wurde viel weniger um ihrer selbst willen gewählt. Welcher Brandenburger würde einen Berliner wählen, wenn es keine Bayern gäbe oder Schwaben? Zu DDR-Zeiten hielt man zusammen gegen die ganz und gar harmlosen Sachsen. Und wie sich jetzt angesichts so vieler ungeklärter Eigentumsfragen zeigt, sind Bayern und Schwaben nicht unbedingt so harm- und selbstlos, wie wir glaubten, als wir sie nach Brandenburg riefen.

Wer hat denn vermutet, daß es in München und Stuttgart so viele Enkel brandenburgischer Großeltern gäbe, die sich nun vehement für die Durchsetzung neuer Besitzverhältnisse einsetzen, indem sie ihre alten Ansprüche geltend machen. Und während die brandenburgischen Eigentümer die Bäume noch zu zählen versuchten, hatten die schwäbischen Besitzer den Wald längst verkauft. Ich weiß nicht, welcher

Teil von Brandenburg den Brandenburgern noch gehört. Aber daß es der kleinste Teil ist, das weiß jeder hier im fernen Osten dieser Bundesrepublik.

Die neuen Besitzverhältnisse bedeuten für uns in Brandenburg, daß das, was früher nichts wert war, heute kostbarer Besitz sein kann: Arbeitsplatz und Wohnung. Aber das, was früher das Wertvollste zu sein schien – ein richtiges Auto und einmal Urlaub auf Mallorca –, das weiß man heute kaum noch zu schätzen.

Was man in Brandenburg wohl nie so recht zu schätzen wußte, das waren die märkischen Dichter. Auch hier galt er normalerweise nichts, der Poet im eigene Land. Der Begriff vom unglücklichen Dichter mag in ganz Deutschland Pleonasmus sein. Ein Dichter in Brandenburg aber, das ist ein Widerspruch in sich, und an diesem Widerspruch sind so viele von ihnen zugrunde gegangen.

Nicht, daß die Brandenburger etwa ausdrücklich etwas gegen Dichtung hätten. Sie begegnen ihr eben nur mit dieser zutiefst brandenburgischen Toleranz, also Gleichgültigkeit. Auch die brandenburgisch-preußischen Herrscher ließen ihre Dichter durchaus leben und überließen ihnen gern, wie und wovon sie leben wollten. Was tat der unglückliche Heinrich von Kleist nicht alles, um Aufmerksamkeit und Gunst seines Königs zu erlangen? Alles vergebens. So kam er zwar auf die Nachwelt, die märkische Mitwelt hat ihn kaum zur Kenntnis genommen. In meinem DDR-Lexikon übrigens steht er bezeichnenderweise zwischen Kleinvieh und Kleister. Und dann steht da: »Zentrales Thema seiner Werke ist Identitätssuche des Individuums in einer instabil gewordenen Welt.« Zu diesem Thema gäbe es heute bei uns in Brandenburg auch einiges zu sagen.

Nach vierzig Jahren Sicherheit, die immer auch so etwas wie Sicherheitsverwahrung war, steht nun plötzlich alles in Frage, woran gestern nicht zu rühren war. Auch wer mit dem Ganzen hier nichts am Hut zu haben glaubte, wer sich

176

in der Opposition wähnte, war doch viel mehr Teil dieses Systems geworden, als er selbst glauben mochte. Und besonders, wer heute in Brandenburg – aber da könnte ich genauso gut Sachsen und Mecklenburg sagen – von sich behauptet, er habe sich überhaupt nicht wenden müssen, weil er schon immer dagegen war, der belügt sich und uns sicherlich nicht zum erstenmal.

Gegen Ideen – egal, ob sie gut sind oder böse – kann man immun bleiben. Nicht aber gegen einen Alltag, an den man nicht glauben, den man aber leben muß. Der Alltag fragt nunmal nicht: »Bist du für mich, oder bist du gegen mich?« Und wenn das Anomale nur lange genug gedauert hat, erscheint es einem auch bald gar nicht mehr so anomal.

Was nun den märkischen Dichtergarten betrifft, so ging es ihm in materieller Hinsicht in der geschlossenen Anstalt DDR recht gut. Nein, eigentlich nicht nur materiell, auch ideell. Man war sich so schön einig im Dagegensein. Opposition in der DDR kannte lange Zeit kaum Nuancen. Wer nicht ausdrücklich für sie war, war dagegen. Das verband die Intellektuellen mit dem Volk. Nie waren Brandenburgs Dichter so volksnah wie in der DDR. Wir meckerten ja alle scheinbar über dasselbe, und die Leser wie auch die Theater- und Kabarettbesucher lauschten allem oder lasen begierig alles, was »dagegen« klang. Die Zensur hob unseren Markt- und Unterhaltungswert ins Unermeßliche. Daß man hier auch bei hohem Marktwert als Schriftsteller nicht unbedingt reich wurde, das merkte unsereins erst, als unsere Konten auf die D-Mark umgestellt wurden. Doch man hatte wenigstens das Gefühl, ernstgenommen zu werden. O ja, Literatur wurde damals ernstgenommen in Brandenburg von den Herrschenden und von den Beherrschten. Und alle, alle suchten nach dem einen darin – nach dem Anstößigen. Die einen, um sich darüber zu freuen, und zwar diebisch, die anderen, um es zu verbieten. Obwohl die Zensur überall und immer zugegen war, war sie nicht immer und überall schneller als der langsame brandenburgische Normalleser. Jedenfalls lasen zu jener Zeit Leute, die eigentlich nicht lesen – ganz normale Brandenburger und ganz normale Geheimpolizisten, von denen man normalerweise wußte, daß sie Geheimpolizisten waren.

Was man damals nicht wußte – wie viele wirklich geheime Polizisten gerade unter den oppositionellsten dieser märkischen Oppositionspoeten waren –, das weiß man heute. Außer dem offiziellen Untergrund in der DDR, der so groß wohl nicht war, wie er sich heute darstellt, gab es noch diesen inoffiziellen, der so viel größer war, als wir ahnten. Nach allem, was bisher darüber bekannt ist, würde mich eigentlich nur noch die Nachricht wundern, daß auch von Bärbel Bohley Verpflichtungserklärung und Täterakte gefunden wären. Um allen Beleidigungsklagen zuvorzukommen, sage ich nochmal deutlich: Das würde mich wundern.

Wir märkischen Literaten aber, nun seit fast sechs Jahren von allen guten und bösen DDR-Geistern verlassen, finden uns da wieder, wo jener unglückliche Heinrich von Kleist uns einst verlassen hatte – im Verkanntsein. Von Kleist weiß man inzwischen, daß ihm Unrecht geschehen ist. Aber was weiß man von uns?

DER SACHSE ALS SOLCHER

Wer beziehungsweise was aber ist nun der Sachse? Biologisch gesehen ist der Sachse ein Mensch wie du und ich. In den neuen Bundesländern ist – statistisch gesehen – jeder zweite ein Sachse, egal, ob er in Dresden, Magdeburg oder Schwerin lebt. Dort beantwortet man die Frage, wer wohl ein Sachse sei, folgendermaßen: Entweder du oder ich. Oder: Wer sieht auf wen herab. Und herabsehen kann man ja auch von ganz unten.

Wenn zwei Sachsen aufeinandertreffen, und das kann nun wieder auf der ganzen Welt geschehen, erhebt sich augenblicklich die Frage: Wer macht sich über wen lustig? Denn die besten Sachsenwitze kommen noch immer aus Sachsen selbst, daher, wo man unter sich ist, aus den sächsischen Ballungszentren Dresden, Leipzig, Chemnitz, Berlin-Marzahn und Prag. Obwohl die Sachsen hier fast unter sich sind, dulden sie auch Anderssprachige durchaus. Denn Sachsen sind im allgemeinen tolerant, also duldsam. Sie wissen, was man als Sachse in der Fremde zu erdulden hat. Was der Fremde in Sachsen erdulden muß, ist die reine sächsische Freundlichkeit mit dem kleinen bißchen Falsch. Das aber kann dem Berliner mit seinem echten Sendungsbewußtsein wenig anhaben. Er teilt seine unmittelbaren Nachbarn sowieso nur in Sachsen und Fischköppe. Diese hausen nördlich, jene hausen südlich. Aber wohnen kann man ohnehin nur in Berlin. Daß es ein Leben außerhalb der Hauptstadt gibt, ist dem Berliner zwar bekannt, wird ihm aber ewig unbegreiflich bleiben.

Doch zurück zu den Sachsen. Sie zerfallen in Stocksachsen, Wahlsachsen, Messesachsen, Hofsachsen, Thüringer, Vogtländer, Erzgebirgler, Oberlausitzer, geborene und ungeborene Sachsen. Um die ungeborenen kümmert sich der Papst, die geborenen müssen sich allein durchwurschteln. Typisch am Sachsen ist nicht seine Herkunft, sondern seine Aussprache. Der Sachse wird überhaupt erst typisch, wenn er den Mund aufmacht. In Sachsen sprechen zu lernen, das heißt, sein Schicksal besiegeln. Ein Sachse kann alles verlieren – Haus und Hof, Mut und Selbstvertrauen –, seinen Dialekt verliert er nie. Daß Sächsisch anerkannte Weltsprache wurde, verdankt es nicht nur Hans-Dieter Genscher, sondern Menschen aller Rassen und Hautfarben, die in Leipzig Deutsch lernten.

Aber den Sachsen zeichnet ja nicht nur die Mundart aus, sondern auch seine sprichwörtliche Gemütlichkeit. Sich mit einem Sachsen zu streiten ist fast unmöglich, weil er sofort deiner Meinung ist. »Nu, wennses so sähn, hamse nadierlich ooch wieder rescht.« Der Sachse ist von Natur aus kein Eroberer. Aber wo er einmal aufgetaucht ist, verschwindet er nie mehr. Jeder Sachse liebt seine Heimat heiß und innig. Das kann er gar nicht oft genug betonen. Aber wenn er dann weg ist, kommt er nie wieder.

Daß es statistisch weit mehr Chinesen als Sachsen geben soll, das hat schon Roda Roda verwundert. Ist doch die Wahrscheinlichkeit, einer Gruppe Sachsen zu begegnen, weitaus größer als die, einen einzelnen Chinesen zu treffen. Übrigens begegnet man auch Sachsen selten einzeln. Sie treten meist in Horden auf und verbreiten so – auch bei den friedlichsten Absichten – Angst und Schrecken. Im Laufe seiner langen Geschichte konnte auch Sachsen nicht immer kriegerischen Auseinandersetzungen ausweichen. Doch ließ es sich erstmal in Kriege verwickeln, so schlug es sich mit schlafwandlerischer Sicherheit stets auf die Seite der Verlierer. Einen ganzen Krieg allein zu verlieren, dazu war Sachsen zu klein. Für seine Niederlagen suchte es sich größere Verbündete. Doch der Sachse verstand es noch immer, aus seinen Niederlagen etwas zu machen. Wieviele Niederlagen steckte das Land allein gegen Preußen ein, und wie wenig haben Preußen die Siege genutzt.

Der Sachse marschiert durch keine Siegetore. Er mährt sich durch die Hintertür. Hintertüren kann man noch so fest verschließen. Ein SACHSE wird höchstens feststellen: »Nu-ja, se glämmt ä bißschen«. Und er wird durchschlüpfen. Sachsen kann man auf Dauer weder ein- noch ausschließen. Denn Sachsen sind Weltbürger aus der Provinz.

DER KLEINE MANN KANN ES SCHON SINGEN

Ich habe alles mitgemacht,
war immer mittendrinne.
Das hat mir nie was eingebracht,
soweit ich mich entsinne.

180

Ich bin neutral, bin nie Partei,
geh nicht voran, bin nur dabei.
Ich bin nicht feige,
aber ich schweige.

Die großen Zeiten mag ich nicht.
Ich mag auch keine Märsche.
Doch tu ich meine kleine Pflicht
auch für die größten Ärsche.
Ich hab kein eignes Ideal.
Ich hab auch keine Kampfmoral.
Wird es zu blutig,
fliehe ich mutig.

Wer auf mich baut, der baut auf Sand.
Ich schwör euch jeden Meineid.
Im Notfall bin ich Simulant.
Am liebsten ist mir kein Eid.
Ich such nicht nach des Lebens Sinn.
Mir reichts, wenn ich am Leben bin.
Mein ganzes Streben
ist überleben.

Die Frau zu Haus ist mein Garant,
daß ich ein richtger Mann bin.
Ich schlag sie nur mit eigner Hand,
weil ich doch kein Tyrann bin.
Sie weiß, ich meine das nicht so.
Darüber sind wir beide froh.
Ich sag: Jetzt raucht es.
Sie sagt: Er braucht es.

Ich bin, wenns sein muß, kriminell.
Das ist nicht ungefährlich.
Uns kleine Gauner fängt man schnell.

Sonst wär man doch nicht ehrlich.
Doch Ehrlichkeit bringt auch nichts ein.
Ein gutes ist ein großes Schwein.
Doch fest steht eines:
Ich bin ein kleines.

VOLKSBEGEHREN

Ich kann ja doch nichts machen. Früher durfte man nichts sagen. Dafür machte man, was man wollte. Heute darf man alles sagen, aber machen kann man nichts mehr. Wir dürfen zwar frei wählen, aber ob wirs schon können? Also bewiesen haben wir das hier in Sachsen noch nicht. Wir waren so froh, daß wir überhaupt wählen durften. Da verrichteten wir in der Wahlkabine nur das, was wir so lange unterdrücken mußten – unsere Notdurft. Raus mit der Stimme, rein in die Urne – der Rest ist Asche!
Und jetzt können wir wieder, was wir in der Diktatur gelernt haben: Gegen die da oben sein. Also wer sagt da noch, wir hätten unsere Identität verloren? Die CDU hat ihre Wahl gewonnen. Ja, sie muß sie ganz allein gewonnen haben. Ich kenne keinen mehr, der ihr mit seiner Stimme dabei geholfen hätte. Das hat Tradition. Die ganze häßliche deutsche Vergangenheit bewältigen wir mit einem schönen deutschen Wort: Vergessen.
Erst mußten wir mal die vierzig Jahre Diktatur vergessen, damit wir jetzt auch die Demokratie schon wieder vergessen können. Wir Deutschen machen so viel Geschichte, daß wir uns einfach nichts merken können. Denn wenn wir was merken, ist es sowieso zu spät. Heute wählen wir die eine Partei, und wenn wir merken, daß sie uns betrügt, wählen wir beim nächstenmal die andere, bei der wir es noch nicht gemerkt haben. Deshalb sind die Wahlen ja auch geheim. So muß sich der einzelne nachher nicht dafür schämen, daß er wie alle gewählt hat. So bleibt sich der deutsche

Wähler ewig selbst ein Geheimnis. Wenn ich was zu sagen hätte ...! Aber auf mich hört ja keiner! Das sind die beiden ehernen Volksweisheiten. Die überleben jedes System. Damit kommt man zwar nicht hoch, aber man bleibt übrig. Und was anderes als übrig zu bleiben, bleibt uns ja auch nicht übrig.

Und das ist es, was die Politiker so ärgert. Sie können regieren und regieren, ein bißchen Volk bleibt immer übrig. Oder haben Sie schon mal eine Regierung gesehen, die ihr Volk überlebt hat? Und ich sage Ihnen, das wird auch Seehofer nicht schaffen mit seiner Gesundheitsreform. Wir überleben sie. Dem kleinen Mann kommt es ja auch nicht drauf an, wie er lebt, sondern daß er lebt.

Seit ich weiß, daß Demokratie Volksherrschaft heißt, weiß ich auch, was ein Demokrat ist: Einer, der das Volk beherrscht. Aber während die da oben regieren, herrscht unten das reine Volk.

Wir sind das Volk, und wir bleiben hier! So etwas ist in der Demokratie keine Drohung mehr, sondern eine Binsenweisheit. Und darauf ist man auch nicht mehr stolz. Damit muß man sich abfinden. Denn Freiheit ist die Einsicht, daß zur Veränderung keine Notwendigkeit besteht.

WOHER KOMMT DER MENSCH UND WOZU?
Ein Schulaufsatz

Der Mensch kommt aus der Frau, wird aber vorher vom Manne dort zwischengelagert. Der Mensch selbst kann nichts dafür, weil er vorher nicht gefragt wird, wo er hinein- beziehungsweise herauskommen will und ob überhaupt. Seine Freiheit besteht darin, daß er sich zwar nichts aussuchen kann, nicht mal das eigene Geschlecht, aber mit allem fertig werden muß.

Wenn der Mensch es sich aussuchen könnte, müßte keiner mehr Frau werden, und Alice Schwarzer könnte nicht länger behaupten, alle Frauen sähen aus, als ob sie EMMA läsen.

Daß der Mensch an sich männlich ist, beweist ja schon, daß niemand freiwillig Frau wird. Also kann man den Frauen aus ihrer weiblichen Eigenart auch keinen Vorwurf machen. Solange man nicht mit ihnen verheiratet ist, erträgt man den Umgang mit ihnen durchaus. Alles Unglück beginnt erst, wenn ein Mann und eine Frau denken, sie würden zusammenpassen. Das ist der Grundirrtum aller Menschheitsgeschichte.

Gäbe es keine Männer, gäbe es vielleicht keinen Krieg. Gäbe es aber keine Frauen, gäbe es bestimmt keinen Frieden. Denn ohne den alltäglichen Kleinkrieg zu Hause bliebe dem Manne gar nichts übrig, als sich draußen auszutoben. Die Frau im Haus erspart dem Mann, die Axt nach draußen zu tragen.

Nur Neugeborene und Sterbende haben kein Problem mit ihrem oder dem anderen Geschlecht. Zahnlos, wie sie gewöhnlich sind, sehen sie das Leben nicht so verbissen. Neugeborene wissen noch nicht, Sterbende nicht mehr, warum sie überhaupt leben. Zwischen dem Noch-nicht- und dem Nicht-mehr-wissen muß der Mensch an vieles glauben, weil man ja nie wissen kann. Woran der Mensch glaubt, das kann er frei und geheim entscheiden. Aber er muß immer wissen, daß er zu den Rechtgläubigen gehört und daß jeder andere Glaube ein Aberglaube ist. Den rechten Glauben erwirbt man, um was zu besitzen. Den linken Glauben verliert man, wenn man was besitzt. Das einzige, woran alle Menschen glauben, ist, daß sie recht haben. Auch wer von sich sagt, daß er an nichts mehr glaubt, glaubt fest daran, daß er recht hat.

Es gibt auch Menschen, die glauben an nichts als an sich selbst. Wie wir von unserem Kanzler wissen, muß hierfür kein besonderer Grund vorliegen. Je schlichter das Gemüt, desto fester der Glaube an sich.

184

Atheisten unterscheiden sich von Christen, Moslems und anderen Gläubigen dadurch, daß sie ihren Glauben schon für Wissen halten. Außer Fehlern macht der Mensch in seinem Leben auch Erfahrungen, ohne daraus klüger zu werden. Nach den Fehlern mit der Atomenergie, macht er jetzt endlich Erfahrungen mit der Gentechnik.

Die Ossis unter uns machen die Erfahrung, daß sie überhaupt nur Fehler gemacht haben. Die Wessis machen den Fehler, aus Erfahrung gut zu finden, was sie machen. Zwischen Ostdeutschen und Westdeutschen wiederholt sich der Grundkonflikt der Menschheit überhaupt, nämlich der zwischen Frau und Mann. Sie verstehen sich nicht, bestehen aber darauf, daß sie zusammengehören!

Außer den Menschen gibt es noch die Psychoanalytiker und die Zahnärzte. Zu denen kommen wir aber erst nach dem Abitur.

GLAUBT MIR KEIN WORT

Der alte Fontane hat einmal gesagt: »Es ist eigentlich dumm, ohne Hoffnung zu leben. Wozu hat man sie denn?« Na, und – hat er nicht recht? Aber der nicht ganz so alte Brecht hat gesagt: »Der Lachende hat die furchtbare Nachricht nur noch nicht empfangen.« Und wenn ich jetzt daran denke, was jedem, der heute noch einen Arbeitsplatz hat, schon morgen passieren kann, finde ich, Brecht hat eigentlich auch recht.

In der DDR haben wir gesagt: Optimismus ist Mangel an Information. Jetzt, in der Bundesrepublik, wissen wir: Hauptbestandteil aller regierungsamtlichen Information ist Optimismus. Der Solidarpakt widerlegt Marxens These, daß das Sein das Bewußtsein bestimme. An den Solidarpakt muß man glauben. Denn nur der Glaube kann uns Zwerge noch ergötzen.

Tucholsky übrigens hat zu Marxens Satz vom Sein und dem

185

Bewußtsein gesagt, er sei in etwa so intelligent wie die Behauptung: »Der Zustand der Zähne bestimmt über den Grad der Zahnschmerzen«. Auch richtig. Irgendwie haben alle recht. Und das ist mein Problem. Wenn alle recht haben, wem soll ich dann noch glauben? Ich kann Ihnen aus eigener Erfahrung sagen, wer da glaubt, auf der richtigen Seite zu stehen, liegt mit Sicherheit falsch. Das ist die einzige gesicherte Erkenntnis, die wir aus vierzig Jahren theoretischem Sozialismus in den praktischen Kapitalismus hinüberretten konnten.

Das übrigens haben wir allen klugen Westlern voraus: Wir wissen, wie sehr man sich irrt, wenn man fest daran glaubt, im Recht zu sein. Die einzige historische Wahrheit, die bisher unwiderlegt ist, heißt: Irren ist menschlich. Ich denke, also bin ich im Irrtum. Hab ich nicht recht?

> Darum glaubt mir kein Wort,
>   sondern irrt euch doch selber.
> Den Leithammel fressen am Ende die Kälber.
> Der Herr ist mein Hirte –
> aber wehe, er irrte!
> Dann werden Herden
> zu Raubtieren auf Erden
> und waschen sich rein in des Leithammels Blut.
> Denn die Herde ist gut!

DIE MACHT DES WORTES

Nachdem man so viele Jahre über die angebliche Macht des Wortes nur noch hat lachen können, ist man jetzt – im Jahre Eins nach Lafontaines Parteitagsrede in Mannheim – fast geneigt, an eben solche Macht wieder zu glauben. Hat er nicht mit einer einzigen Rede über Nacht aus einer hundertprozentigen Zustimmung zu Scharping eine fast siebzigprozentige Zustimmung für sich gemacht? Und da-

186

bei scheint kaum einer seiner begeisterten Zuhörer ganz genau zu wissen, was er eigentlich gesagt hat. Nur WIE er gesprochen hat! Mit dieser Überzeugung, dieser Begeisterungsfähigkeit, die den Zuhörer das WAS der Rede vergessen ließ.

Dabei hat er sinngemäß sogar Lenin zitiert, aber das kann er als Wessi nicht ahnen. Denn ausgerechnet dieser Lenin hat gesagt: »Wer zünden will, muß selber brennen!« Und dann hat Lafontaine noch gesagt, der Satz ALLE MENSCHEN WERDEN BRÜDER! stamme aus der Internationale.

Das trug er mit so viel Feuer vor, daß die Delegierten statt in Gelächter in Beifallbekundungen ausbrachen. Es konnte bisher noch nicht ermittelt werden, ob das nun ein Zeichen tiefster Unbildung oder höchster Begeisterungsfähigkeit bei den Genossen Delegierten war. Jedenfalls scheint wieder einmal bewiesen: Je ungebildeter die Menschen sind, desto begeisterungsfähiger sind sie auch.

Und wenn ich mich nun noch daranmache, Lafontaines Mannheimer Rede mit, sagen wir mal, Heines LORELEI zu vergleichen ... Für SPD-Genossen und ihre Bildungsbrüder der Hinweis: Es handelt sich nicht um das alte Volkslied »Wann wir schreiten Seit' an Seit'«, sondern um »Ich weiß nicht, was soll es bedeuten«. Das wiederum darf man nicht verwechseln mit Schillers Ode an die Freude, in der es heißt: »Völker hört die Signale!«

Also hier Lafontaines Mannheimer Rede und da Heines »Ich weiß nicht, was soll es bedeuten«. Heines Text ist zwar vertont worden und wird, allerdings nicht auf SPD-Parteitagen, bisweilen gesungen.

Von Lafontaines Rede weiß man eigentlich nur noch, daß er sie hielt. Ihr Verfasser wurde dank dieser Rede Vorsitzender der Sozialdemokratischen Partei Deutschlands. Heinrich Heine hat es nicht einmal, wie nun wieder Rudolf Scharping, zum Stellvertreter gebracht. Da er sogar einmal persönlicher Freund von Karl Marx war, hätte es Heine heute vermutlich nicht mal ganz leicht, überhaupt Mitglied der SPD zu werden.

Zusammenfassend kann man sagen: Heinrich Heine ist tot. Was er geschrieben hat, ist so lebendig wie eh und je. Oskar Lafontaine lebt. Was er in Mannheim gesagt hat, weiß kein Mensch mehr. Es muß wohl ein Machtwort gewesen sein.

UNS GIBT'S NOCH LANGE

Nur keine Angst, wir ändern uns nicht.
Wir wechselten nur die Penaten.
Die Freiheit ist jetzt erste Bürgerpflicht,
und wir sind Totaldemokraten.

Was uns nicht paßt, vergessen wir auch,
Und was wir vergessen, das war nicht.
Denn das ist in Deutschland ein uralter Brauch,
und Bräuche vergessen wir gar nicht.

Wir haben heimlich die Faust geballt
und trotzig zu allem geschwiegen.
Uns ließ unser eigener Jubel kalt.
Doch jetzt wollen wir endlich mal siegen.

Einer von uns war Krause in Bonn.
Den hatte der Kanzler so gerne.
Er hätte so gerne noch mehr davon.
Doch Krauses sind selten wie Sterne.

Wir sind viel bessere Westler als die,
die immer bloß meckern da drüben.
Wir können die ganze Demokratie
und brauchen sie nicht erst zu üben.
Nur keine Bange   uns gibt's noch lange.
Wir sind ein Volk, das Folgen hat.
Wir halten wiedermal treu zur Stange
und habn Experimente satt.

Wir sind die Besten, denn wir sind Westen.
Wir sind zu deutsch, um schön zu sein.
Wir sind geschlossen nie mehr Genossen.
Wir sind ein sehr viel älterer Verein.

INHALT